ゼロからのスポーツ自転車

発見！快適の手ごたえ

ママチャリでは分からない

快適自転車研究会 編

GAKKEN SPORTS BOOKS

CONTENTS

第1章 からだに合った自転車が分かった

第2章 続けられるのは、からだに無理がかからないだけじゃなかった

第3章 快適で安全に乗るコツがあった

第4章 「ちょっと遠出」——自分の元気がたのもしかった
ONE DAY RIDE《ワンデイ・ライド》

第5章 心拍数で、もっと元気になるやり方が分かった

◆コラム

第 1 章

からだに合った自転車が分かった

ママチャリで十分？ でも、それだけで満足できる？

自転車の最大の魅力は、自分のからだをダイレクトに動力に変えるということだ。

これほどシンプルなことはない。デジタル全盛の時代に、人間がこんなにも自然と一体になれる乗り物は自転車の他にはない。

その中で、一番多く乗られているのは、ママチャリと呼ばれている自転車だ。確かに、今のママチャリはよくできている。サビに強いステンレスが使用されたものはデザイン性に優れ、見た目にも軽快感がある。また、3変速が付いたものを選べば、近所の買い物だけでなくかなり遠くまで行く場合でも軽快に走ることができる。

自分のライフスタイルを満足させられる自転車を

そういう意味でいうと、ママチャリでも十分に自転車を楽しむことは可能だ。

しかし、本書が提案するのは、もっと快適でその奥深さを実感できる自転車ライフである。気分転換に遠くまで自転車を走らせるとか、運動不足解消の有効な道具として活用するとか、あるいは、毎日の通勤に自転車を利用するとか、非常に積極的に自転車を使いこなしていこうという発想が根底にある。そういうアクティブな自転車ライフにとって、一体どんな自転車がいいのか。

たとえば、クロスバイクと言われる自転車がある。マウンテンバイクやロードバイクという専門性の高いタイプを街乗り用にアレンジした自転車だ。詳しくは後で説明するのでここではそういうジャンルがあるということを覚えておいてほしい。

このクロスバイクとママチャリを比較したら、1段や2段程度のステップの違いではなく、一気にレベ

パフォーマンスが高い自転車に乗れば楽しさが断然違ってくる

ルが変わってくる。何よりも、乗る人が受けるストレスがまったく違ってくる。快適だし、疲れ知らずだ。

その差は、やはりクロスバイクを乗らないことには分からない。だからこそママチャリのレベルでとどまっていたらもったいないのだ。

実際、ちょっと乗れば、今までと次元が違う乗り物だということが分かってくる。自転車のもっている機能の違いが如実にパフォーマンスの違いに現れてくるのだ。

楽しんで乗るためには、当然グレードアップがつきまとうのが現実。たとえば、シューズにしても、安物を履いていた人が造りのいいブランド物を履くと、なんで履き心地が違うのかと感激するはず。それが自転車にも当てはまるのである。

一口に自転車といっても種類は数多くあった

自転車ほど、用途が広い乗り物はないだろう。一般の人はちょっとした買い物や用事をこなすときに使う程度だが、その他に通勤・通学に使えるし、スポーツライフの主役としても重宝する。

特に、スポーツ性を意識して乗ると、自転車が人間に快適な喜びを与える乗り物であることがよく分かるだろう。また、ファッション性で自転車を楽しむ方法もある。つまり、オシャレなグッズの一つとして自転車を持つわけだ。そういうファッション性は人間生活にかならず付いてくるものであり、どうせ自転車に乗るならカッコイイほうがいい。

こうした自転車をジャンル分けするのは、やはり用途である。何の目的で自転車に乗るのか…これによって選ぶべき自転車のジャンルが決まってくる。そこで、どんな種類の自転車があるかを見ていこう。

使う人の用途に応じて多彩な種類がスタンバイ

まず、自転車レースにも使われるのが「ロードバイク」である。これは、ロードレーサーという言い方もよくする。

車体を軽くして高速で走るための機能を備えた自転車で、タイヤが細く空気圧が高くなっていて、路面との抵抗が少なくなるようになっている。舗装道路用であり、未舗装道路を走るには不向きである。

次に「マウンテンバイク」。この自転車は、山道や未舗装道路を走るのに向いている。強度を高めるためにフレームが他の自転車より太くなっており、タイヤも太くて溝が深いタイヤが最大の特徴。また、走行中の衝撃を緩和させるサスペンションにも工夫がこらされている。

以上の二つは、レベルが高い機能

自転車ショップはまさに様々な自転車の宝庫だ

を備えた自転車である。

その一方で、圧倒的に多いのが、一般の人が気軽に乗れる自転車だ。その呼び名はまちまちで、「一般車」「シティサイクル」「軽快車」と言ったりする。このあたりは統一が取れていないので混乱するが、本書ではシティサイクルと呼ぶことにする。このシティサイクルは都会を軽やかに走るうえで適した自転車で、最も広い用途をもっており、通学・通勤やサイクリングなどにも使用されている。

また、シティサイクルの中で特に買い物に便利なように造られているタイプもあり、それが俗にママチャリと呼ばれている。ママチャリは車輪径も小さく女性が乗りやすいようにデザインされていて、前にカゴが付いているものがほとんど。重い荷物を運ぶときにも安定した走りができるが、長い距離を走るのには向かない。

このように、自転車のジャンルは上級タイプのロードバイク＆マウンテンバイクと、一般タイプのシティサイクルとに分かれる。しかし、どんどんジャンルは多様化してきており、最近は、シティサイクル並みの手軽さで上級タイプの機能性を備えた自転車が数多く登場するようになった。これがクロスバイクである。上級タイプと一般車の中間に位置するジャンルと考えればいいだろう。本書では、このクロスバイクを中心的に扱っていくことにする。

ロードバイク　一番スピードが出る自転車。タイヤが細いのが特徴だ

マウンテンバイク　山道を走るのに向いていて、フレームが他の自転車より太くなっている

クロスバイク　シティサイクルの手軽さでロードバイクやマウンテンバイクに近い機能性をもった自転車のこと

シティサイクル　広い用途をもっており、通学や通勤にもよく使われている。ママチャリも含まれる

ステム
ハンドル
ブレーキレバー
フロントブレーキ
フロントフォーク
スポーク
ハブ
ダウン
チューブ
ペダル
バルブ

＜自転車の各部の名称＞

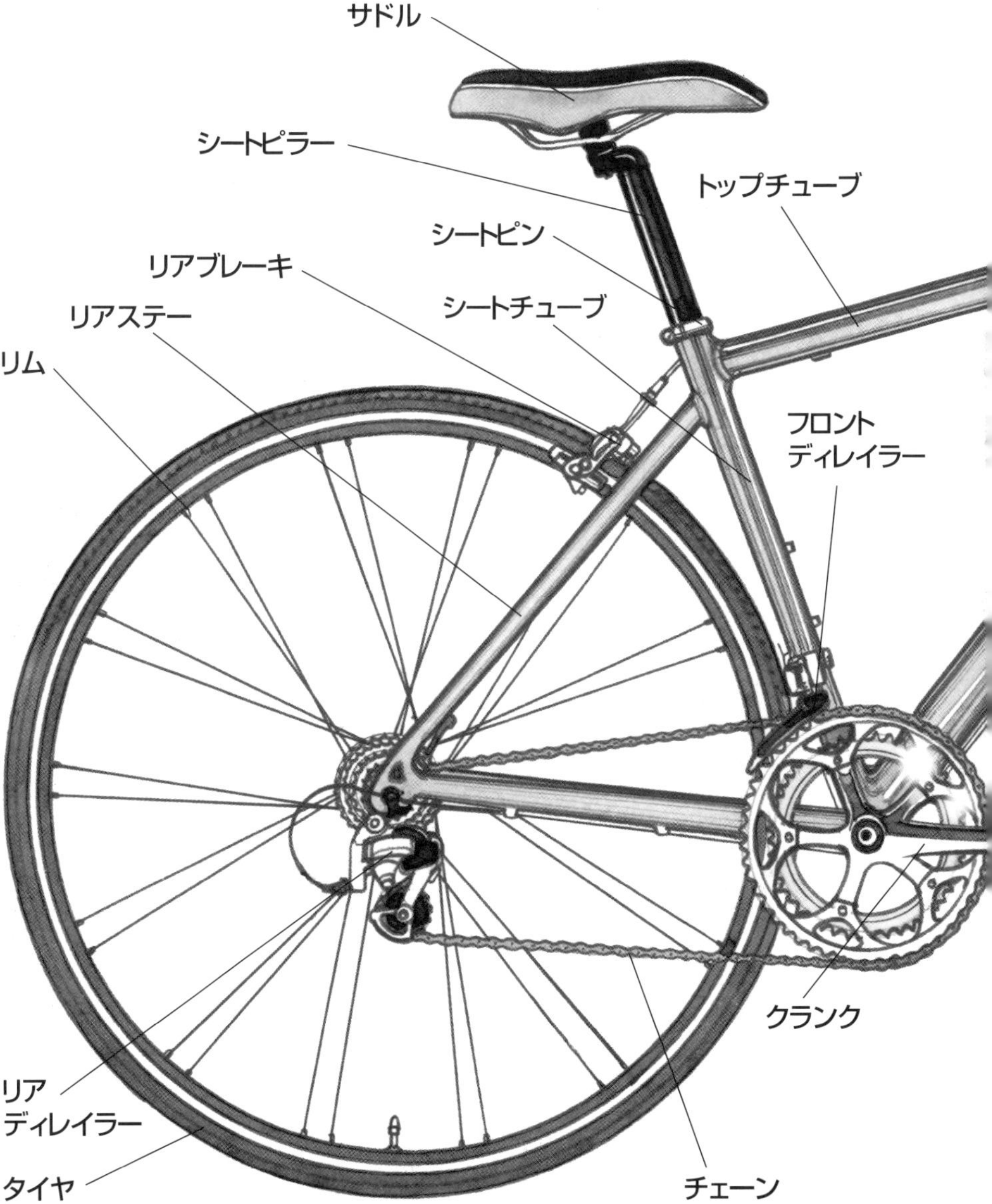
サドル
シートピラー
トップチューブ
シートピン
リアブレーキ
シートチューブ
リアステー
リム
フロント
ディレイラー
クランク
リア
ディレイラー
タイヤ
チェーン

「バイク」と呼んで自転車と区別する理由が分かった！

19世紀に自転車はドイツで生まれて「どこかへ行く車」として重宝され、フランスでも「速い足」と呼ばれて一気に普及した。ヨーロッパで自転車競技が絶大な人気を博しているのも、歴史的な背景があるのだ。

特に、世界最高峰の自転車レース「ツール・ド・フランス」が開催されるフランスでは特にツーリングが盛んで、ツーリング用自転車もフランス風に「ランドナー」と呼ばれたりした。

日本の自転車文化も発祥の地であるヨーロッパを模範にすることが多かったが、1970年代にアメリカで盛んになったマウンテンバイクが日本でも流行するようになり、自転車の種類も多様化した。こうした流れの中で、自転車を表す言葉自体も混同してきたので、ここでもう一度整理してみよう。

「バイク」という言葉にはさっそうと走るイメージがある

日本では「バイク」というと、オートバイを連想する人が多いはず。しかし、英語の元々の意味は全然違うのだ。

英語で「Bike」とは「Bicycle」の略で、まずは自転車のことなのである。オートバイなら正式には「Motorbike」と呼ばなければならない。このあたりが日本では混同して乱用されている傾向がある。

ただし、語感の「バイク」にはさっそうとスピーディーに走るというイメージが付きまとっていたのも事実。そういう点でいうと、従来のシティサイクルは「バイク」よりやはり「自転車」だったのである。

しかし、ロードバイクやマウンテンバイクは違う。スピードと力強さを生かした走りができるという意味では「バイク」の呼び名がふさわしいだろう。「自転車」という言い方とは、はっきりと一線を画しているのだ。

それでは、自転車とバイクは何が違うのか。

軽いバイクは快適性が違う

決定的に違うのは重量である。

通常のママチャリの重さは20kgくらいである。ママチャリの場合は買い物カゴや荷台が付いていたり、安定した走りを実現するための装備が付加されていて、どうしても重量が重くなってしまう。

もっとも、買い物に使うのが主でそれほど遠い距離を走らないので重量に神経質になる必要はないかもしれないが、重い自転車はスピードが出ないし、スタート時に力が必要なのは事実。やはり快適性にはちょっと遠い。

他のタウンユースのシティサイクルでも重量はやはり10kg台で、車体はそれなりに重くできている。

しかし、ロードバイクやマウンテンバイクは車体を軽くすることに最善を尽くしているので、とにかく軽い。だからこそ、スピーディーな走りができるし、使い勝手がいいのである。第一疲れない。

また、長距離を走るときに車体が軽いと、体力の消耗を極力防ぐことができる。

もう一つ、バイクと呼ばれる自転車の持ち味は、ギアがたくさん付いていること。フロントギアが3枚にリアギアが9枚というのが一般的なほどだ。

これだけギアが多いと、乗る人の体力に合わせて選択肢が大いに広がり、まずは、体力を温存して、より効率的に脚力を生かせるようになる。

以上のように、ロードバイクやマウンテンバイクの特徴は、軽量性とギアの多さという2点だ。

これが備わっているからこそ「バイク」なのである。疲れ知らずの快適さなのだ。そして、クロスバイクも十分にこのメリットをもっている。

MTBが自転車の世界を変えたワケ

マウンテンバイク（MTB）は街で気軽に乗りこなすためのものではなく、もともとは文字通り山を走るための自転車だった。しかし、そのファッション性が人気を博してから、最近は都会での走りを意識したタイプも数多く登場していて、用途が多彩になってきた。販売店をのぞいてみると、中には「悪路では走行しないでください」と表示されているタイプもあり、本来は悪路で走るものなのに完全に主客転倒してしまった感じ。それだけ、今では「マウンテン」より「タウン」で乗られる割合も高くなってきた。

マウンテンバイク用自転車の特徴は、「フレームが太くて強い」「ギアがたくさん付いている」「タイヤが太くて路面とのグリップ性がよい」「悪路を走ることを想定してサスペンションが付いている」などだ。

優れたデザイン性が乗る人を満足させる

こうした特徴の中で、タイヤは太いだけでなく高さもある。それだけ走行中にタイヤがつぶされる（路面との接地面積が大きくなる）ので、衝撃の吸収度が高くなる。とはいえ、普通の自転車より路面抵抗も大きくなり、ややペダルが重たく感じるかもしれない。

それでも、マウンテンバイクは根強い人気を誇っている。乗る人の自尊心を大いにくすぐるデザイン性がなんといっても魅力だ。

「かっこいいから乗る」

それも自転車に快適性を求めるスタイルの一つだし、自分のお気に入りを手に入れたら、まさに「愛車」として重宝できることだろう。

価格はピンキリで40万円以上するものから3万円台のものまで種類も多種多様に揃っている。かなり高いというイメージがあったが、手頃な価格のものも登場するようになり、マウンテンバイクがとても身近になってきた。

その中でも、マウンテンバイクを初心者から始めるなら5万円前後のものが一番無難だし、山でアクティブに乗るなら定価8万円以上のものを選んだほうが賢明だろう。それを一応の目安としてほしい。

ただし、注意しなければならないのは、マウンテンバイクはタイヤが太くなっているので路面との摩擦が大きく、長距離を走るときに疲れやすくなるということだ。その反面、サスペンションが付いているので乗り心地がとてもいい。こうした特徴を忘れずに機種を選んでいけばいい。

マウンテンバイクの一番大きな特徴は、太いタイヤである

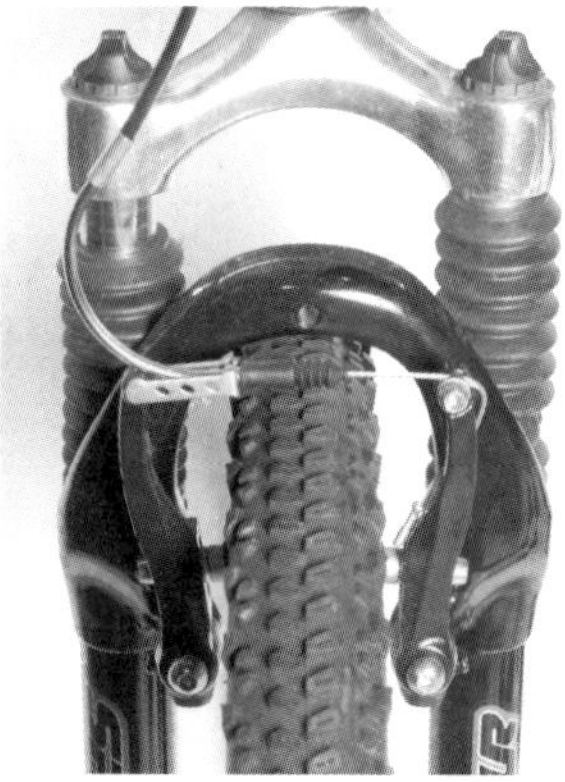

路面から受ける衝撃を緩和するために、マウンテンバイクにはサスペンションが付いている

タイヤだけを換えることも可能！

ワンポイント

マウンテンバイクを買ってタイヤを細いものに換えるというチューンナップも可能だ。そうすると、サスペンションが付いていて乗り心地がいいうえに、路面との抵抗も少なくなって楽に長距離が走れるようになる。こうした使い方はクロスバイクに生かされている。

どんなバイクに乗ってみたいのか。そこから始めよう！

仮にママチャリからクロスバイクに自転車を変えたとしたら、その快適性に本当に驚いてしまうだろう。それほどに、同じ自転車でもタイプが違えば乗り心地が変わる。

価格的にいうと、5万円くらいが自転車が劇的に変わる目安となる。それでは、5万円以上の自転車になると、何が違うのか。それは、車体がグッと軽くなり、ギアがたくさん付いているのである。重量でいえば10kg前後になって体力の消耗が防げるようになるし、ギアも「前が3段で後ろが9段」といったことが当たり前になる。

これだけのギアがあれば、今まで無理だった坂道も普通に上れるようになる。それだけ走りの可能性がグッと広がっていくのである。

選ぶのに無難なのが中間的なクロスバイク

ただし、自転車を選ぶときは絶対に用途を曖昧にしてはいけない。一番前提になるのは、オンロードで走るのか、オフロードで走るのかということだ。いわば、通勤・通学に使うのか、週末のサイクルツアーで使うのか。それで選ぶ機種が変わってくる。たとえば、通勤や通学に使うとする。このときは、特に決まりはない。ロードバイクでもマウンテンバイクでもいいということになるが、一番無難なのは中間的なクロスバイクである。

なぜか。仮に通勤に使うとすると、歩道を走ると同時に車道も走ることになる。そういう両方を考えるとクロスバイクが向いているのだ。

もっと詳しく言うと、ロードバイ

クというのはタイヤが細くて車体がデリケートなので、歩道を走るのに向いていない。逆に、マウンテンバイクはタイヤが太すぎて、通勤でも長距離を走るときは路面との抵抗が大きくて疲れてしまう。こうした兼ね合いを考えると、中間的なクロスバイクがいいというわけだ。

週末の長距離ツアーに出る場合は、ロードバイクがお勧め。車体が軽く、長距離をスピーディーに走るのに最適だ。この爽快感は本当にたまらない。このように、ガンガン走るならロードバイクが一歩上だが、乗りこなすにはそれなりの技術が必要。乗車ポジションも前傾姿勢が強くなり、相応の腹筋や背筋がないといけない。体力的な裏付けがないと、あれだけの前傾姿勢を取れないのだ。それだ

一般的には、タイヤの太さも自転車の種類によって違ってくる。マウンテンバイク用（右）は太く、ロードバイク用（左）は細い。その中間の太さとなっているのがクロスバイク用である。

けロードバイクは上のレベルなので、その中間としてクロスバイクのほうが取り組みやすい。

ロードバイクは街中の走行に不向きだ。何よりも、ロードバイクはスピード性に主眼を置いているので低速走行に向いていない。

しかも、サスペンションがないので、ダイレクトに路面や歩道の段差の衝撃が来て、疲労の大きな原因になってしまう。

むしろ、町中を低速で走るときは太いタイヤのほうがクッションがいい。そうなるとマウンテンバイクがピッタリだ。

しかも、マウンテンバイクにはサスペンションが付いていて乗り心地がいい。乗っていてもクッションがあって疲れにくいのだ。

トップチューブが低く女性もまたぎやすい

一般的にマウンテンバイクが初心者に向いているというのは、クッション性がいいということの他にフレームの形状も関係している。トップチューブが低くなっているので、女性や小柄な人がまたぎやすいのである。これはとても大事なこと。トップチューブをまたげないと降りることもできなくなる。だから、トップチューブが低いマウンテンバイクは重宝できるのである。

加えて、よく勘違いされることだが、マウンテンバイクはフレームが太くなっているが、車体が重いわけではない。ここがポイントだ。マウンテンバイクのフレームは太いが肉厚は薄いのである。フレームが薄いと強度が出ないので、フレームを太くして強度を出しているというわけだ。見た目ほどに車体が重くないし、サスペンションも付いているということで、シティサイクルから乗り換えるのにもちょうどいい。もともとオフロードを走るためのものだが、オンロードで使っても特にやっかいな点はない。

むしろ、サスペンションの硬さも調整可能で、あまりフワフワした状態が嫌なら適度にサスペンションをアジャストすればいい。

こうした特徴をよく知ったうえで、あとは販売店の専門家と相談したうえで、自分に最適な機種を選んでいけばベストだ。

マウンテンバイクはトップチューブに傾斜がある場合が多いので、またぎやすくなっている

ロードバイクでドロップハンドルを握ると、マウンテンバイクのときとは姿勢がまったく違ってくる

知らなかった。からだに合った自転車のチェックポイント

シートチューブの長さは股下の長さで決まる

自分に適したフレームサイズは、どうやって見つければいいのか。基準になるのは、まずは足の長さだ。適切なシートチューブの長さは足の長さに比例するからである。

そこで、裸足になって自分の股下の長さを測ってみよう。

一つの目安としては、股下の長さに0・65を掛けた数値が、適切なシートチューブの長さになるという考え方が、サドルとハンドルの位置もフレームのサイズによって決まってくる。このとき、ブレーキの位置も問題になってくる。両手で適切にブレーキをかけられるというのが原則であり、両手がうまくブレーキに届かないというのは安全上もよくないことである。

実際、自分の体型に合った自転車を選んでおかないと自転車に乗る姿勢も悪くなって、腰や尻が痛くなったり必要以上に足が疲れてしまったりする。

自転車の大きさは、まずはフレームのサイズによって決まってくる。そのフレームサイズを規定しているのが、シートチューブの長さである。もう少し詳しくいうと、ペダルが回す歯車の軸の中心からサドルの方に伸びているシートチューブの一番上までがフレームサイズになる。ただし、メーカーによってサイズの取り方が異なる場合がある。

また、サドルに座ってハンドルのグリップを握ってみればよく分かる

フレームの選び方①
シートチューブ

●一般的には、フレームの大きさはシートチューブの長さによって表される。
具体的には、クランクの軸から縦パイプの一番上までの長さである。

●シートチューブの長さを決める目安の一つとして、自分の股下の長さに0.65を掛けた数字を当てはめる方法もある。それによると、以下のような数値になる。

股下の長さ	シートチューブの長さ
65cm	42.25cm
70cm	45.50cm
75cm	48.75cm
80cm	52.00cm
85cm	55.25cm

方もある。

それによると、足の長さ（股下の長さを測定）が65㎝のときの適切なシートチューブの長さは42・25㎝、80㎝のときは52・0㎝ということになる。しかし、この数字にしても誰にでも当てはまるわけではない。一応の参考程度と考えればいいだろう。

次に重要なのがサドルからハンドルまでの距離に影響するトップチューブの長さである。これはカタログのフレーム寸法表（フレームスケルトン）を参考にするか、実車で測定する。ここの寸法は個人差が大きいために本人の感覚が頼りになる。たとえば、筋力、柔軟性、用途などによって違いがあり、厳密にはある程度乗りなれてから考えたほうがいいかもしれない。


また、「ハンドルの中心からサドルの中心までの長さは、クランクの軸からサドルの中心までの長さより3㎝短いほうがいい」という考え方もあるので、一応の参考程度に覚えておいてほしい。

自分の体型に合ったサイズを選んでいく

しかし、クロスバイクは販売される段階であらかじめフレームサイズがS、M、Lと分けられている。この3つのサイズに対して、自分の身長を基準にして販売店で選んでいくのが一般的な方法だ。これではどうしても、洋服のサイズ選びと同じ程度のアバウトさが出てしまうが、メーカー側のフレームの品揃いに限界があるので仕方がない。その中で可能な限り正確に自分の体型に合った自転車を選んでいくのが現実的に賢い方法だといえるだろう。

そこで、まずは自分の身長に合わせてS、M、Lの中から1種類を選んでみる。身長が180㎝なら文句なしでLだし、160㎝ならSで決まりだろう。そして、170㎝前後ならMということになる。そうした基準の中間的な身長の人は、販売店の専門家のアドバイスや実際に試乗してみることで適切なサイズを選ぼう。

また、ツーリング的に長距離を走る人はちょっと大きめのフレームを選んだほうがゆったりと乗れる。逆に、ちょこちょこ短い距離を町中で走るなら、身長より小さめを選んだほうが小回りがきく。そういうこと

フレームの選び方②
トップチューブ

ハンドルの中心(A)からサドルの中心(B点)までの長さは、クランクの軸(C点)からサドルの中心までの長さより3cm短いほうがいいという目安もある。つまり、「AB=BC－3cm」ということだ

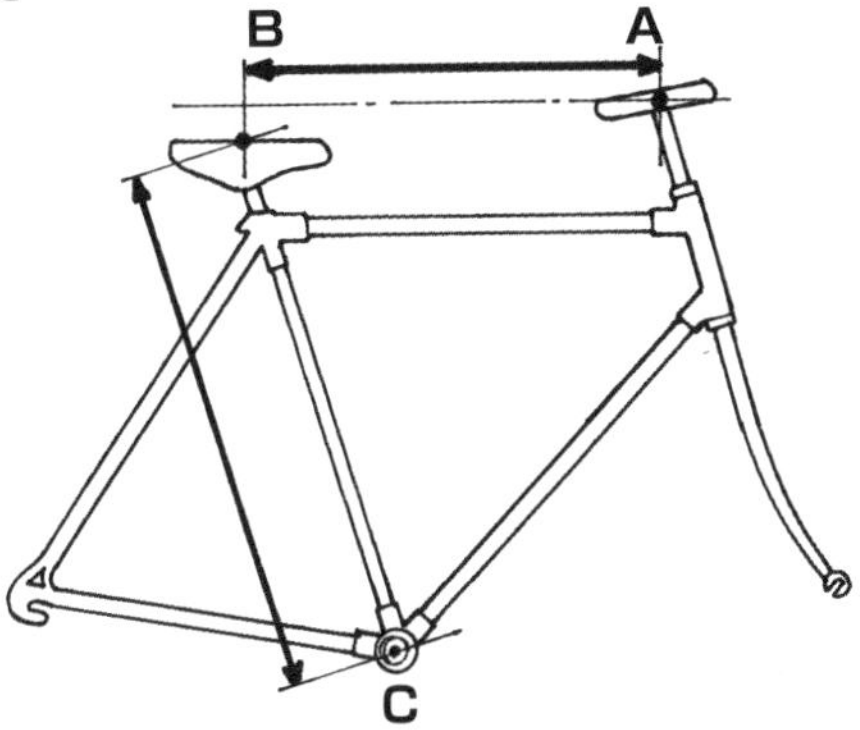

フレームを決める際の目安はあるとしても、一番大事なのは自転車に乗ったときのフィーリング。
実際に自転車を走らせてハンドルまでの距離感を自分で感じることだ。

も頭に入れておこう。

そうやってサイズを選んだら今度は体型に合わせてより細かく調整を行なっていく。まずは、手軽に調整ができるサドルの位置を変えてみよう。

概して、自転車に乗る人はサドルの位置が低すぎる傾向がある。これでは、足の力を一番自転車に伝えられる踏み込みが弱くなってしまう。結果的にエネルギーのロスが大きくなって体力の消耗が早まるのだ。そうではなく、サドルを適切な高さにすることで、足のストロークを生かせるようにしたい。そのためにも、シートチューブに沿ってクランクを一番下まで下ろし、そのペダルにかかとを乗せて足がすんなり伸びる高さにサドルを設定してみよう。

また、サドルは高さだけでなく、前後に移動させることもできる。

ステムの調整が鍵を握っている

サドルの下のネジをゆるめると、前後に動くのである。そこで、ハンドルを握ったときにちょっと遠いと思ったら、サドルを前に動かすことも可能だ。ただし、サドルとペダルの位置関係もあるので無茶な変更は控えたい。とりあえず微調整をする程度である。その微調整の目安だが、膝関節とペダルの位置で合わせる方法もある。ペダルを斜め30度に上げたとき、膝関節とペダルの軸が同じ位置（イラスト参照）にくるように合わせる方法だ。しかし、これも足の長さによる個人差があるので、一応の目安として覚えておけばいい。

一方、サドルとハンドルの位置を調整するなら、ステムが大きな鍵を握っている。ステムの場合は、その高さと前への突き出しの2方向を変えることが可能なのだ。

まず、ステムの高さは備え付けのスペーサーを入れ換えることで変わっていく。問題は前への突き出しを変えるときだ。これは、パーツそのものを換えなければばならない。最近はアヘッドタイプといって高さ部分と突き出し部分が別のパーツになっているケースもある。この中で特に突き出し部分の長さと角度を選んでいけばいい。価格は３０００円程度から上は3万くらいまである。高級のものは素材がカーボンやチタンで軽量化されている。

フレームの選び方③
サドルの調整

ペダルを斜め30度に上げたとき、膝関節とペダルの軸が同じ位置にくるようにサドルの前後位置を調整する方法がある。

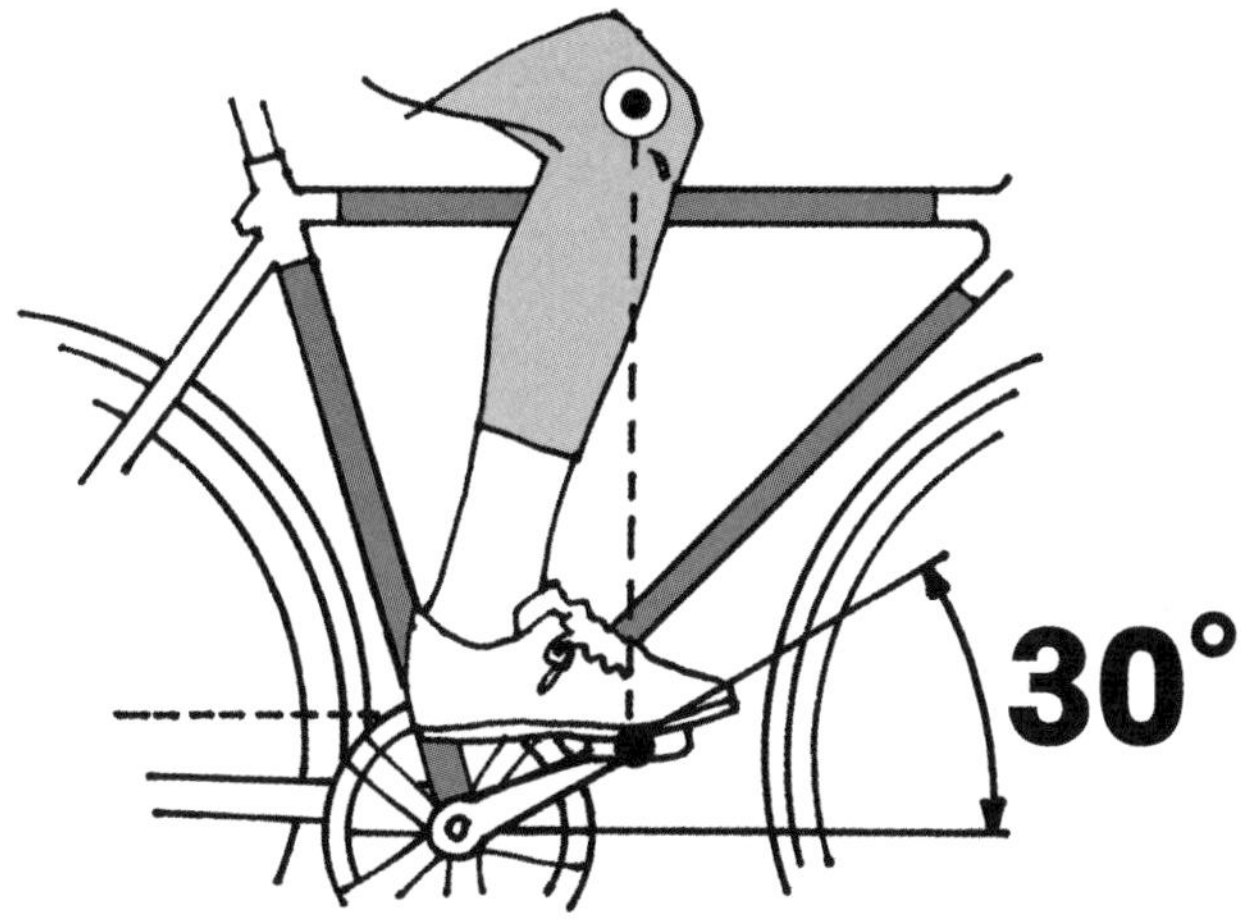

フレームの選び方④
ステムの調整

ステムの高さはスペーサーを入れ換えて自在に変えることができるが、突き出す角度と長さは変えられない。必要であれば、ステムそのものを交換すればよい

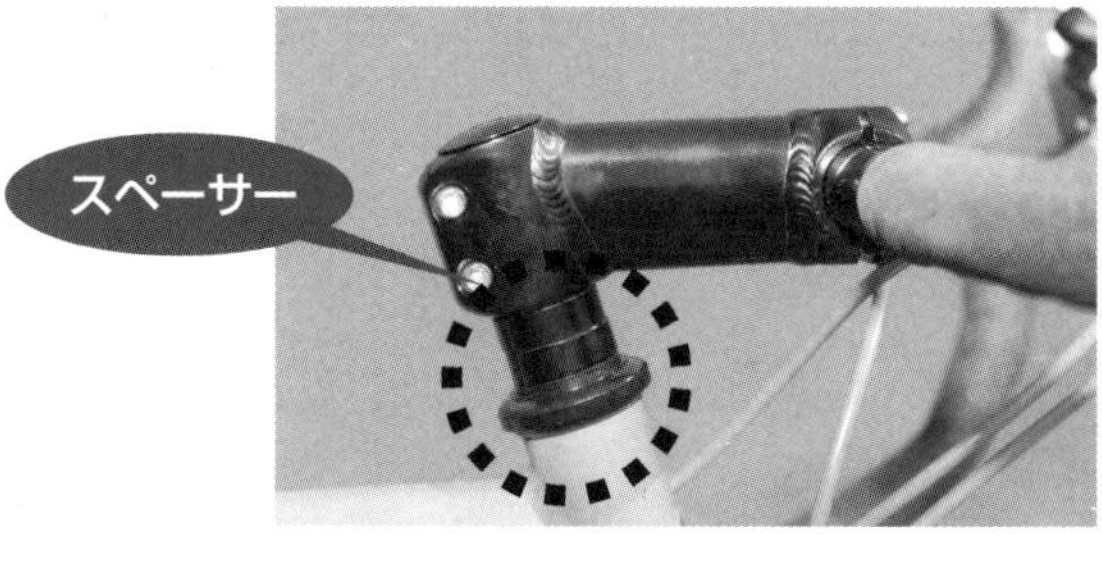

タイヤの太さと車輪径の長さも自転車を選ぶ目安だった

各タイプの自転車の特徴を表すものに、タイヤの太さがある。

タイヤ幅の極細タイプだと19ミリ幅と細くなる。タイヤは細いほうが路面との抵抗が少なくスピードが出るがパンクの頻度が多い。たとえば、ロードバイク用の細いタイヤは、ゴムの厚みが薄いので普通のタイヤよりはパンクをしやすい。しかし、路面抵抗を減らし空気圧を高めるために、薄いタイヤが必要なのである。しかも、タイヤは薄いほうが軽くなってスピードも出やすい。パンクしやすいが、その他にさまざまなメリットをもっているのである。

逆に、太いと路面からの抵抗が大きくなるが、乗っていてクッション性がよくて安定感がある。マウンテンバイクに使われるタイヤの幅は1・75インチのものが多い。

ロードバイクのバルブはフランス式が多い

各機種にはあらかじめ標準的なタイヤがセットされているが、簡単に換えることができるのでショップの人と相談して自分の用途に応じてチューンナップすることもできる。

タイヤに空気を入れるバルブにも、機種によって違いがある。ママチャリによく使われているものはイギリス式で、誰もが知っているように空気は入れっぱなしで特別に空気圧を調整することはない。そして、空気が減ってきたと思ったら再び空気を注入していくわけだ。一方、ロードバイクに使われているのは、フランス式といって高圧式で空気を入れやすくなっているバルブだ。軽量で空気圧の調整がしやすうえに、機密性が高

ロードバイクの特徴は細いタイヤ。路面の抵抗が少なくスピードを出すのに適している

タイヤのバルブは、ママチャリによく使われるイギリス式、ロードバイクに使われるフランス式、マウンテンバイクに使われることが多いアメリカ式がある。この写真のバルブはフランス式。高圧の空気を入れやすい構造になっている。ナットをゆるめて先端を押してあげるとバルブが開くようになっている（写真上）。空気を入れたあとはナットを締める（写真下）。

い。また、マウンテンバイクにはクルマと同じくロッドを押し込むとバルブが開くアメリカ式が多い。

空気圧を調整するのであれば、そのタイヤに合った適切な空気圧を知っておく必要がある。ロードバイク用のタイヤには標準空気圧の刻印がある場合が多い。たとえば、7・25ヘクトキロパスカル(バール)という刻印があれば、それは7・25気圧ということ。この場合は表示されている数字の90%くらいを入れるのが一応の目安だ。PSIという表記もあることがある。1ヘクトキロパスカル＝14PSIだ。高圧式の空気入れには目盛り付きのものがあるので、それを参考にすればOKだ。このようにして、雨の日は路面が滑りやすくなるので空気圧を低めにし、晴れの日は接地面積を少なくするために高めにするという微調整も行うことができる。また、空気圧によって路面から受ける摩擦も微妙に変化するということを覚えておこう。空気圧が高いほうが路面からの摩擦抵抗が小さくなるのである。

車輪径の長さはインチで表示される

車輪の大きさも自転車の選択を左右する要素になる。この車輪径を決めるのは、靴を選ぶ作業とよく似ている。

自分の足の大きさに合った靴を選ばない人はいない。靴のサイズは、25・0とか25・5といった具合に5ミリきざみになっているので、それを目安にはき比べてみて最適の靴を選んでいく。つまり、靴のサイズ表示があるから便利なのである。

同じような表示が自転車にもある。それが車輪径の長さだ。インチで表すのが普通で、カタログを見ると、「24インチ、26インチ、27インチ」といった表示があるのでわかりやすい。

一般的にいえば、子供の場合は24インチの車輪径の自転車を選んだほうが無難だ。

こうした車輪径24インチ以下の自転車は特にミニサイクルと呼ばれている。

大人であれば26インチか700C(27インチ)のどちらかから選ぶことになる。

当然ながら、車輪径が大きいほど、ペダルの1回転で走行できる距離が長くなる。

そのかわり、車輪径が大きいとペダルが重くなるはずなのだが、普通の自転車は車輪径に応じてギア比を調整しているので、ペダルを踏むときの感じは全体的に変わらない。そのあたりは、それほど神経質になる必要がない。

標準的な言い方をすれば、からだが大きく体力がある人は700Cの車輪径を選んだほうが効率がよいだろうし、普通の体格の人なら26インチの車輪径で十分だろう。ただし、ロードバイクは700Cだし、マウンテンバイクは26インチだ。

最も多くの種類を揃えているのは26インチで、好きなタイプの自転車でも700Cのサイズがない場合もある。その場合は26インチのタイプを選ばざるをえなくなってしまう。

車輪径が大きければそれだけペダルの1回転で進む距離は長い。大人の場合は、26インチか700C(27インチ)の中から選ぶことになるだろう。

スポーティーなフラット型ハンドルが増えてきた

従来から自転車のハンドルというと、グリップが上に上がっているアップハンドルと、ロードバイクによく見られるようにハンドルが下に曲がっているドロップハンドルが主流だった。しかし、最近はフラット型も多くなってきている。マウンテンバイクの影響が大きいが、何よりもハンドルを握ったときに安定感があり、スポーティーな雰囲気も持っている。

ハンドルの位置は乗車フォームに影響を与える。たとえば、ハンドルがアップ型だと上体が起き、フラット型だとやや前傾姿勢になる。そして、ドロップハンドルだと強い前傾姿勢になる。

ただし、長い時間乗るときには、フラット型のほうが疲れるときがある。それは、ハンドルをもつ手の向きに関わってくる。

広めのハンドルは握りが安定する

本来、ハンドルの形は手の向きを左右する重要なファクターである。ハンドルがフラット型だと手の甲が常に前方を向いていて、その分だけ腕が伸びて手首や肘に力が入ってしまうのである。その結果、長距離を走るときは意外と腕が疲れてくるものだ。そういうときは、ハンドルを持つ位置を微妙に変えてみるのもいいだろう。

次に、ハンドルを握る両手の間隔を考えてみよう。本来オフロードでは、ハンドルが抑えきれなくなるので、広めにハンドルを握って安定させる。しかし、オンロードではハンドルが振られることがないので肩幅くらいでいい。ただし、歩道を走るときは段差でハンドルが振られることがあるので、広めのハンドルにしたほうがいい場合もある。

ハンドルの種類

シティサイクルに多い
アップハンドル

ロードバイクで使われる
ドロップハンドル

最近はフラットタイプの
ハンドルが増えてきた

ワンポイント

ショップでハンドルを調整してもらおう

ハンドルの長さが合わなかったどうすればよいのか。実は、専門ショップに相談すれば、ハンドルの長さを適度に調整してもらえる。しばらく乗ってハンドルの間隔に違和感があったら、ぜひショップでアドバイスを受けてみよう。

快適性追求には、ギアが欠かせなかった

自転車を選ぶときは、できるだけギアが付いたタイプにしよう。スピードを出すためにギアが必要だというわけではなく、いろいろな状況に対応するときはギアがあったほうが便利なのだ。

たとえば、坂道を楽に走るためには軽いギアがいいし、向かい風のときにも前傾姿勢を強くして風の抵抗を減らし軽いギアで走れば楽である。

このように、ギアを上手に使い慣れると本当に走りやすい。しかも、ギアの数が多くなればなるほど使い勝手が格段によくなるので、できるだけギアが多い自転車を選んだほうがいいだろう。

このギアの装着方法には「内装式」と「外装式」がある。性能的にどう違うのだろうか。

ギアの数が多ければかならず外装式になる

内装式は後ろの車輪の軸の中に、ギアを組み込んだものである。4変速とか7変速もあるが、多くは3変速である。

普通は中間のギアで走り、坂道に来たら一番軽いギアに変えるといった使い方が多い。

また、内装式の場合は自転車がやや重くなってしまう。装備していない場合と比べると1㎏ほど重くなると思えばいい。

一方、外装式は、ギアの数が多い場合に適用される。変速の段階が21や27となれば、かならず外装式になる。仮に21変速の場合は、前に3枚のギアがあって、後ろに7枚のギアがある。

その結果、組み合わせが21通りとなりその数だけギアを変えることができるのだ。これだけあれば思い通りの走りができるだろう。

ただし、外装式のギアチェンジは

ギアの選び方①
外装式と内装式の違い

●外装式ギア ギアの数が多くなると外装式になる。後ろのギアは8段階か9段階まである

●内装式ギア 外からは見えないが、車軸の中にギアが組み込まれている。ギアは3段階か4段階

チェーンの位置を変えるので、走っているときにしかできない。

　つまり、停止しているときにはギアチェンジができないのである。それが、停止中もできる内装式との違いだ。

　ところが、初心者は停まっているときにギアチェンジをしてしまいがちだ。そうなると、ワイヤが伸びるし、そのまま放置しておくと変速機が狂ってしまうので要注意だ。

　それでは、クロスバイク、マウンテンバイク、ロードバイクで使われる外装式のギアについてもっと詳しく見ていこう。

　ギアは前と後ろにあるが、前のギアはオフロードを走る自転車は3枚が一般的で、ロードタイプで舗装路しか走らないケースでも2枚か3枚だ。

　後ろのギアは、およそ6枚から10枚の間。ロードバイクのようにかなり長距離をハイスピードで走るときは後ろが10枚だが、普通のマウンテンバイクで9枚となっている。また、比較的価格の安い機種は7枚から8枚である。

ギア比が高くなれば ペダルが重くなる

　前後のギアには、その自転車に合わせたギア比というものがある。そもそも、前のギアはペダルで回り、その力がチェーンを通して後ろのギアに伝わり後輪が回るようになっている。その前と後ろのギアには歯が付いているが、その歯の数の比率がギア比である。

　ギア比の計算方法は、前ギアの歯数を後ろギアの歯数で割ればいい。その値がギア比である。一番多い比率は、前ギアが34で後ろギアが14のもの。この場合のギア比は2・4となる。

　このギア比は数字が高くなればなるほどペダルが重く感じられる。

　つまり、前ギアの歯数が多くなればなるほど（直径が大きくなるほど）ペダルが重くなる。しかし、後ろギアの歯数は逆で少なくなればなるほど（直径が小さくなるほど）ペダルは重くなってしまう。

　ギアの使い方を見ていこう。ギアの数が多くても、実際に使うのはどうしても限られてくる。たとえば、前に3枚あっても、真ん中を使うのが

ギアの選び方②
ギア比の計算方法

ギア比は（前ギアの歯数÷後ろギアの歯数）で表される。この歯数のことはT数とも表示される。ギア比とは、前ギアが1回転したときに後ろギアが何回転するかを示している。この数値は、ロードバイクの場合で1.2から4.8くらい、マウンテンバイクで0.68から4.18くらい、クロスバイクで0.7から4.3くらいとなっている。

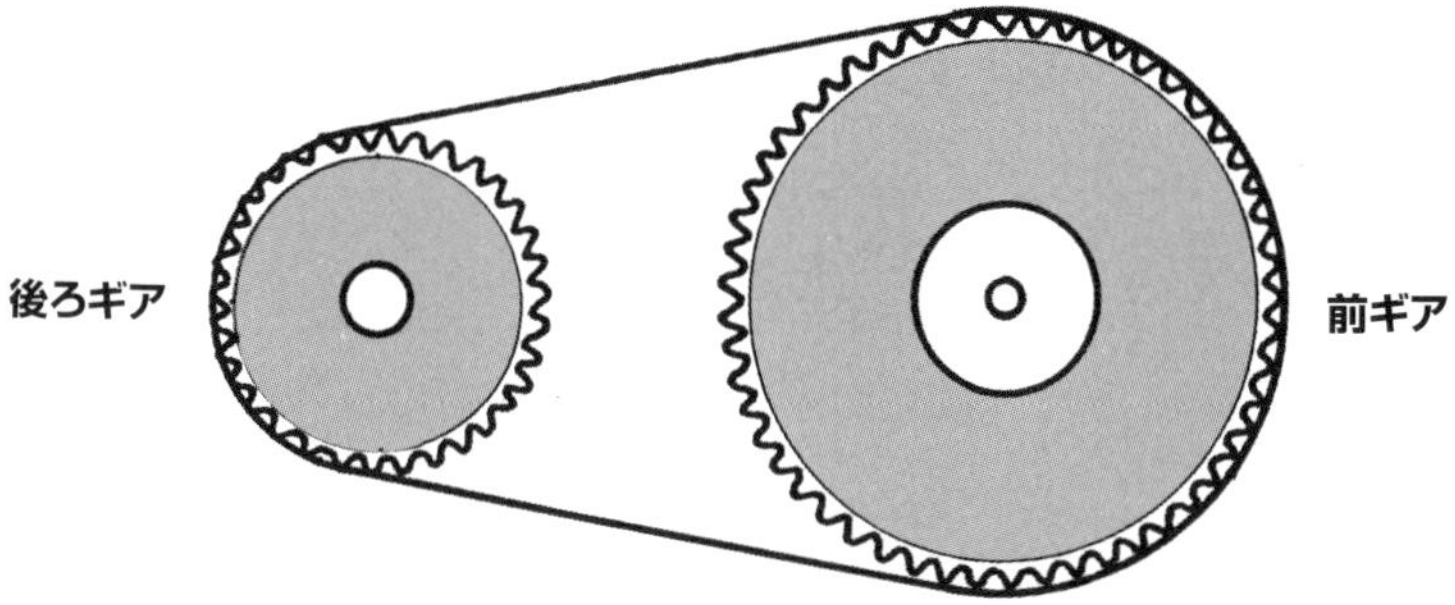

前ギアは歯数が少ないほどペダルが軽くなる

後ろギアは歯数が多いほどペダルが軽くなる

ほとんどだ。

　そのほうがオールラウンドで幅のある走りができる。そうしておいて、状況に応じて後ろのギアをどんどん変えていくのである。たとえば、坂道を登るときは傾斜に応じて後ろのギアをどんどん大きくしていく。そのほうがペダルが軽くなっていくからだ。

　それでは、前のギアを調整するときはどんなときか。ハイスピードで走りたいときに真ん中から大きなギアにチェンジするし、きつい坂を上るときには真ん中から小さいギアに変えていく。

　特に土手などの激坂を上るときは、後ろのギアをいくら軽くしても駄目なので、前のギアを小さく（軽く）するのである。ただし、一般走行では真ん中を維持する。そうしておいて、普通の坂を上るのであれば、前は真ん中のギアのままにして後ろのギアを大きくしていく。そのほうがペダルが軽くなって坂が上りやすくなるはずだ。

前のギアはなるべく中間の歯数を選択

　もう一つ、前のギアを真ん中で使う理由がある。それは、後ろのギアを全部使えるからである。

　ところが、前のギアを真ん中から外か内のどちらかに移すと、後ろのギアと連結しているチェーンがよじれてしまって、後ろのギアの選択によってはチェーンがはずれてしまうことがある。

　このように、チェーンはねじれに弱いので、前で外側の大きなギアを使ったときは、後ろも真ん中より外側のギア（それだけ小さなギア）を使うようにする。

　逆に、後ろの内側にある大きいギアを使うときには、前のギアも真ん中かより内側を使うべきである。これが基本的なチェーンラインの約束なのである。だからこそ、初心者は前のギアは真ん中で使ったほうがいいのだ。

　チェーンラインは、前後方向になるだけまっすぐをイメージしよう。前と後ろに大きくクロスするラインは、チェーンや変速機構に無理がかかるのだ。快適に走るには、自転車も快適でいてもらいたいものだから。

ギアの選び方③
ギアチェンジの生かし方

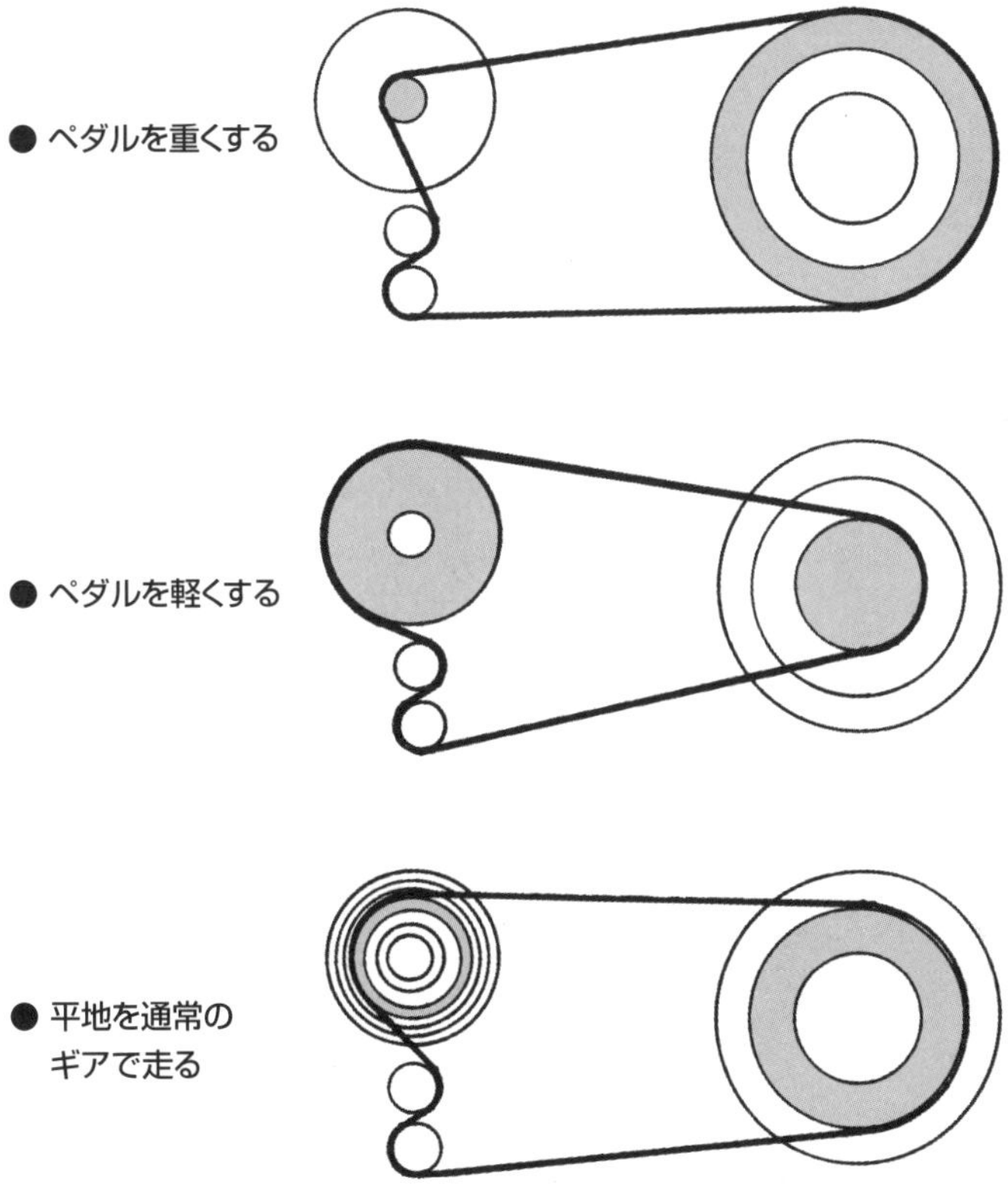

ワンポイント

ロードバイクのギアの大きさは？

ロードバイクの前のギアは、マウンテンバイクより大きくなっている。これは、舗装道路でスピードを出しやすくするためである。その関係で、後ろのギアもロードバイクは小さめになっている。このように、機種によってもギアの大きさは変わってくるのである。

なぜロードバイクのサドルが薄いのかが分かった

サドルの骨に当たる部分はプラスチックでできている。その周囲にクッション材をつけて、一番上に人工皮革や天然皮革を張っている。それがサドルの材質だが、その形によって乗り心地もかなり違ってくる。もちろん、全面的に天然皮革でできているものもあり、これは最初固い感じがするが、使い込んでくるとお尻になじんでくる。

スポーツ車の場合は、薄いサドルになっている場合が多い。これは重量を軽くするためと、ペダルを速く回すため。サドルが大きいと足が引っ掛かってペダルを速く回せないからである。

ロードバイクともなると、サドルにどっしり座ってペダルをこぐという感じではないので、薄いサドルでも十分なのだ。

通常は男女兼用だが各専用タイプもある

逆に、どっしり座るのであれば、やはり厚めのサドルが向いている。さらにサドルの後ろにバネが付いていて、クッション性を向上させているタイプも多い。

実際、サドルは男女兼用がほとんどだが、よく考えてみれば男性と女性ではお尻の形が違うわけで、それぞれに対応したサドルのほうがふさわしい。

特に長時間自転車に乗る場合には、女性用と男性用を分けたほうがいい。座骨の中で出っ張っている部分の間隔は男女で違っていて、サドルに座ったときのおさまりが男女で明らかに違うからだ。

また、中にはサドルの前部に裂け目があって、男性の下腹部のふくらみが当たるのを避けるようになっているタイプがある。これなどは現実的である。

サドルの種類

最も一般的なサドル

クッション材を多めに入れたサドル

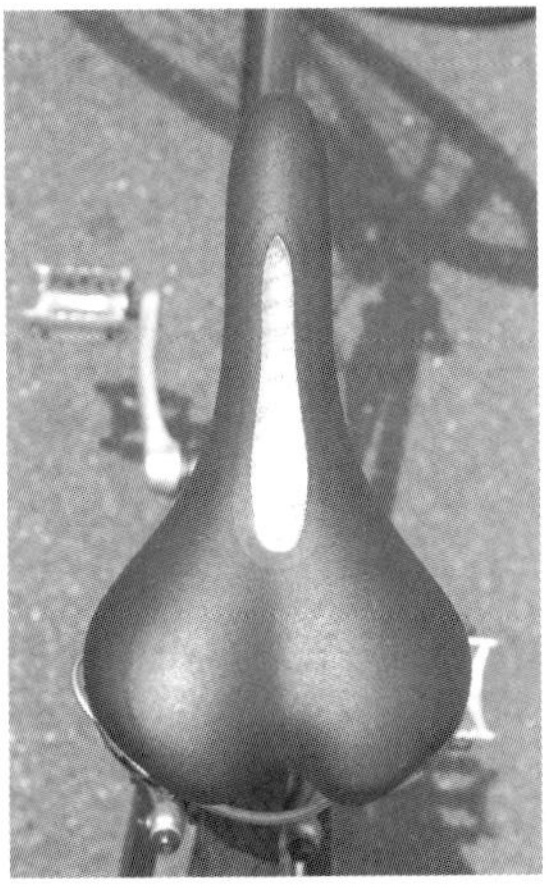

スピードタイプの自転車用のサドル

整備をきちんとしたから長持ちした

自転車をいつまでも快適に使うためには日頃の整備が大切である。

メンテナンスはまず、素材に応じて手入れを行う。

フレームのメッキ部分は、乾いた布を使って汚れを落としたあとで、ミシン油や防錆油で磨くとよい。ステンレス部分はサビに強いが、汚れたまま放置すると傷みやすい。やはり乾いた布でこまめに拭いておこう。同じように、月に1回の注油も欠かさずに行う。

金属と金属が回転部分として接しているところには、潤滑油の意味合いでも油を定期的に付けたほうがいい。たとえば、チェーン。よく街で見かけるのが、チェーンが真っ赤に錆びてしまっている自転車。ハンドルとかフレームはステンレスやアルミを使っている場合が多いが、チェーンは大部分が鉄であって油っ気がなくなると錆びてしまう。

これでは正しく機能していかないのも当然だ。

チェーンの各ピンに1滴ずつ油をさす

それではどうすればよいのか。

チェーンを細かく見ると、各ピンの中にローラーが入っていてクルクルとまわっている。このピンに一つずつ油差しで油を1滴垂らしていくようにするのだ。

ここで横着してチェーン全体にダラダラと油をつけると、走っているときにホコリを吸ってしまって汚れるので注意しよう。

また、ブレーキや変速のところにワイヤーが入っているが、そのワイヤーの部分に油をさしてあげる。ブレーキのワイヤーがさびてしまうと、急ブレーキをかけたときにプツンと切れてしまうが、それを少しでも防ぐことができる。

チェーンのピン1つずつに
油をさす

●注油すべき部分

月に1度ほど、上図の矢印の部分に油をさしておこう。

リム

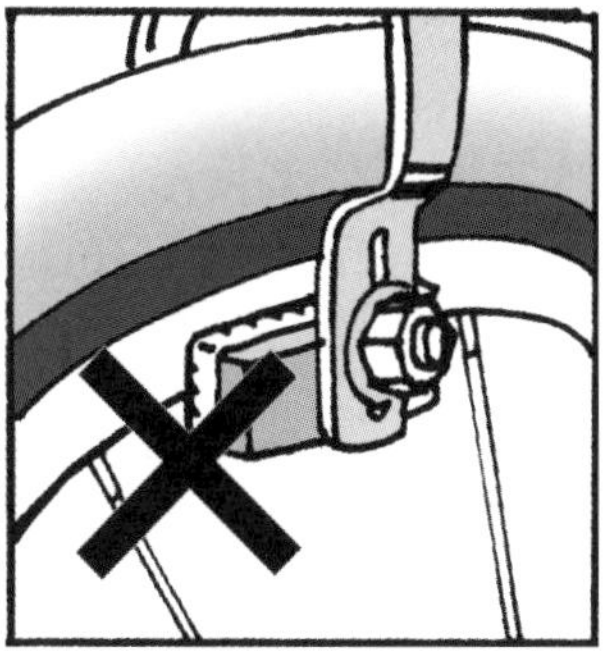

ブレーキシュー

●注油をしてはいけない部分

ブレーキシューのように金属とゴムが接する個所。ここに油を付けるとゴムが溶けて劣化が早まってしまうから注意。あとはリムにも油を差さないほうがいい。

定期的な点検をするのがいつもの習慣だった

自転車は本来非常に丈夫なものである。個人で乗る分には、何十年も使用できるケースがあるほどだ。確かにタイヤは磨耗してくるが、それも程度の問題であり、全体的に自転車は耐久性に優れた乗り物だ。

ただし、ネジがゆるんでくることがあるので、これだけは矯正しておきたい。自転車はすべての部品をネジで結合させて組み立てている。それだけに、点検するときはネジの緩みを直してあげることが大切である。

ネジの緩みをどうやって確認するか。たとえば、ハンドルを両手でもって少し自転車の前の部分を持ち上げてから落としてみる。ネジが緩んでいる部分はカチャッと音がする。その音の個所を調べてネジを締めなおしてあげればいい。

自転車の後ろの部分も少し持ち上げてから落とす方法でネジが緩い部分を確認できるだろう。

ネジのしめ上げは、アーレンキー（六角レンチ）が必要になる。セットになったものを用意しておこう。

ブレーキとタイヤを特に念入りにチェック

特にチェックすべき項目を以下にまとめて列挙しておこう。

●**ブレーキ**　適度な遊びがあるかどうか。ブレーキゴムの減りも定期的にチェックする。

●**サドル**　水平にしっかり固定されているかどうか。

●**チェーン**　さびていたり、たるみすぎていないかどうか。

●**ペダル**　障害物に当たって変形していないかどうか。

●**タイヤ**　空気が適切に入っているかどうか。親指で押して、ほんの軽くへこむくらいがちょうどいいだろう。

●**フレーム**　変形やひび割れがないか。

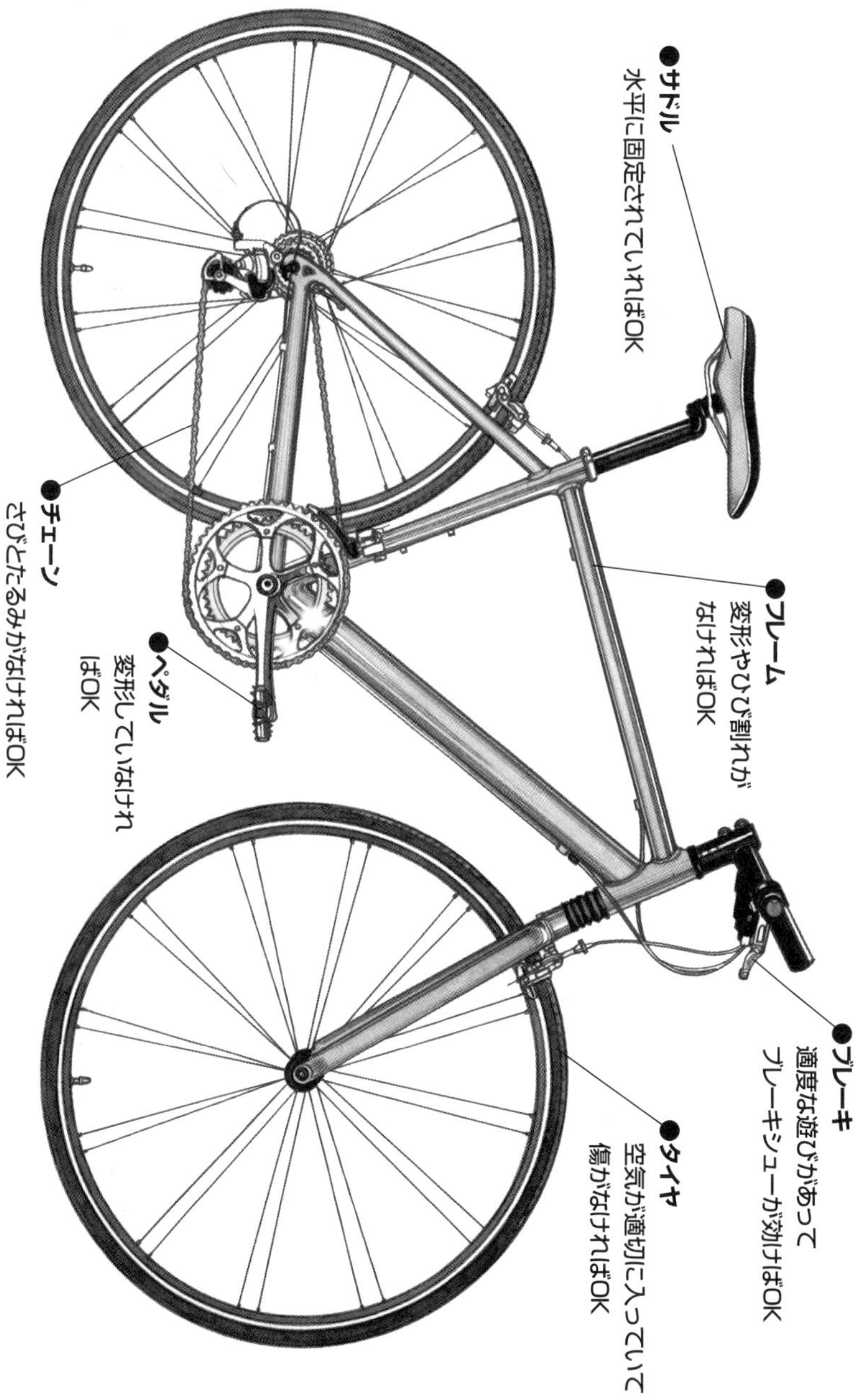
●サドル
水平に固定されていればOK
●チェーン
さびとたるみがなければOK
●ペダル
変形していなければOK
●フレーム
変形やひび割れがなければOK
●ブレーキ
適度な遊びがあって
ブレーキシューが効けばOK
●タイヤ
空気が適切に入っていて
傷がなければOK

パンクの修理は意外と簡単だった

一般の自転車はきちんとタイヤに空気を入れておけば、かなりパンクを防げる。しかし、空気を入れることを面倒くさがっていると、どんどん空気が抜けていってパンクが起きやすくなってしまう。まずはパンクが起こらない状態をつくることが大切なのだ。それでも、不可抗力でパンクは起きてしまう。それを考えると、自転車のパンク程度は自分で修理できたほうが断然便利だ。しかも、専門ショップでパンクを直せば1000円ほどかかるが、その経費も節約することができる。慣れてしまえば簡単なので覚えてほしい。

〔パンクの修理の方法〕

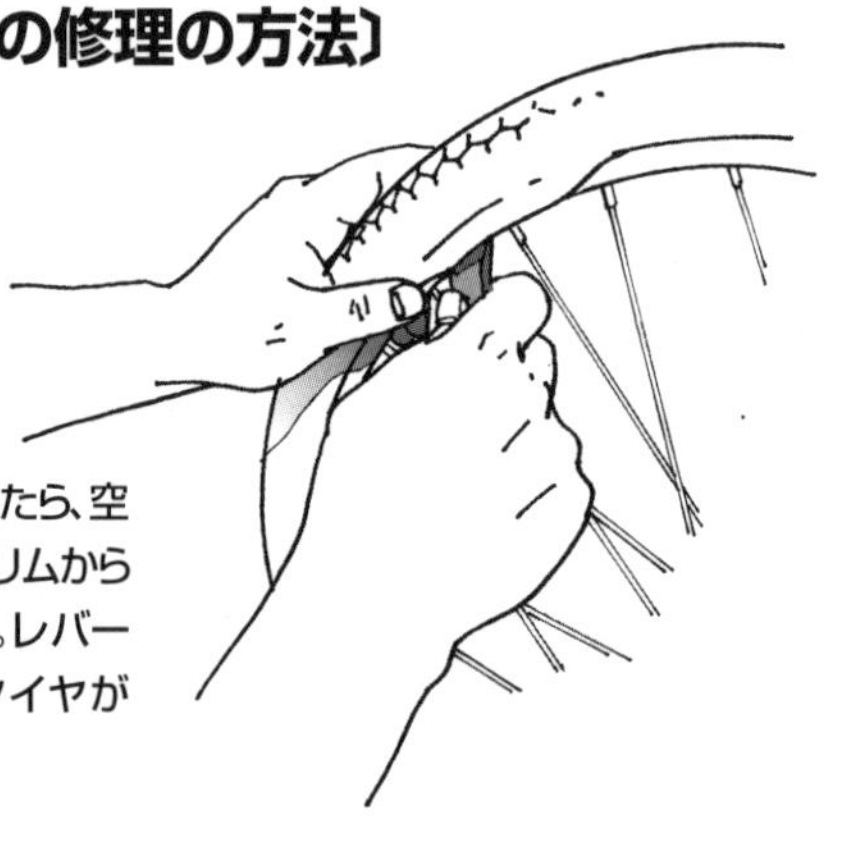

①パンクしていたら、空気をすべて抜き、リムからタイヤをはずす。レバーをうまく使えばタイヤがはずれやすい。

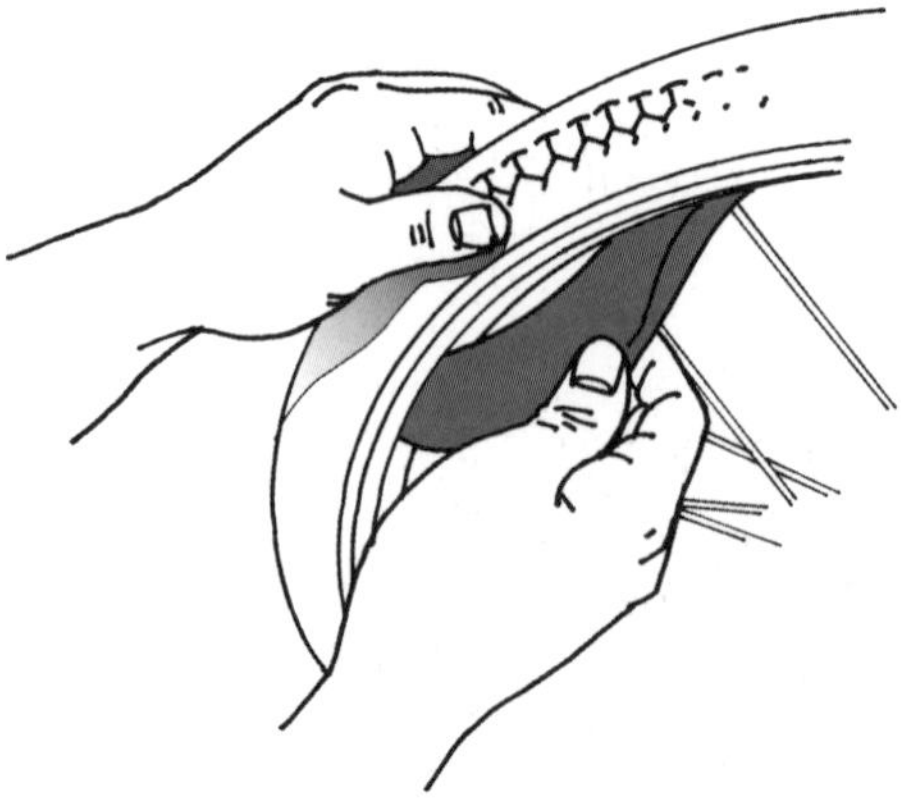

②タイヤをはずしたら、今度はリムからチューブをはずす。

③はずしたチューブに空気を入れる。

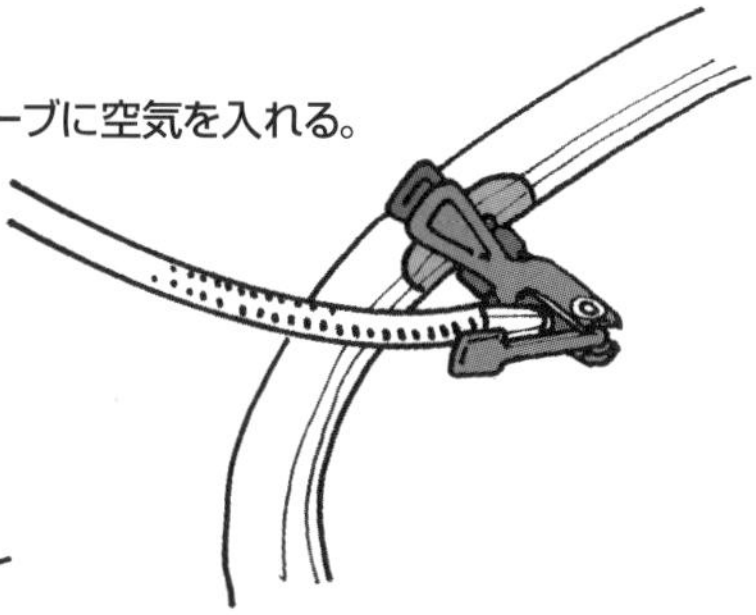

④水が入ったバケツの中に入れて
パンク個所を探す。

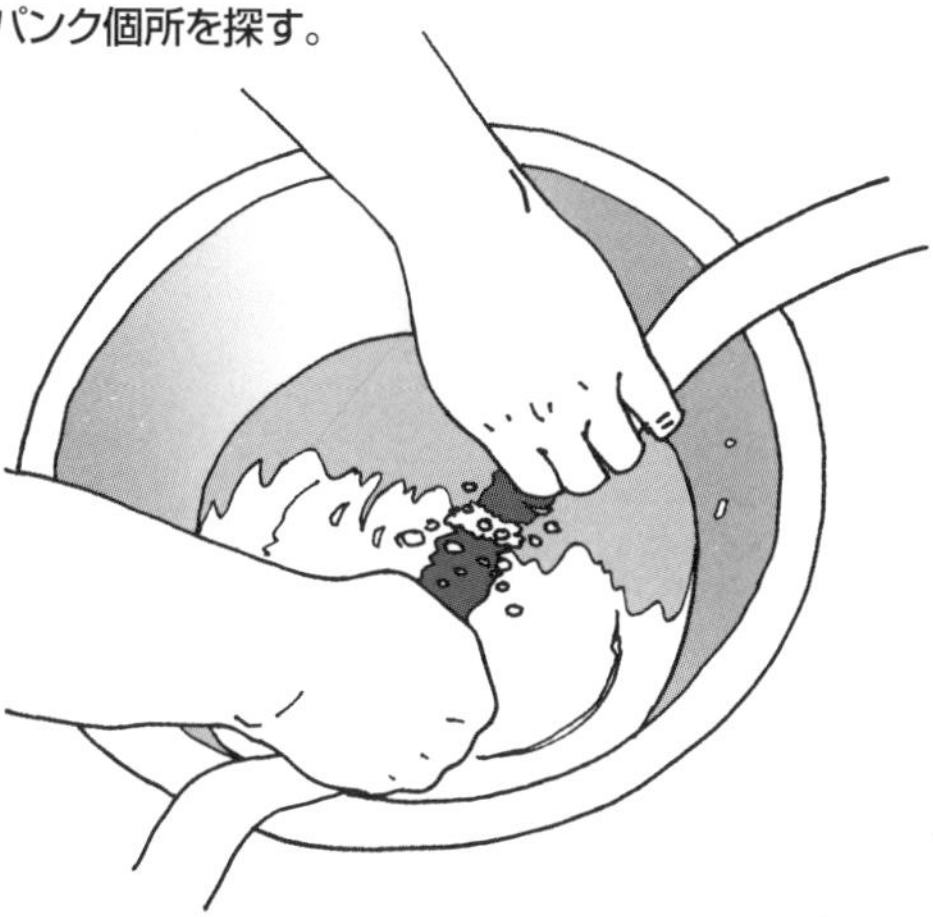

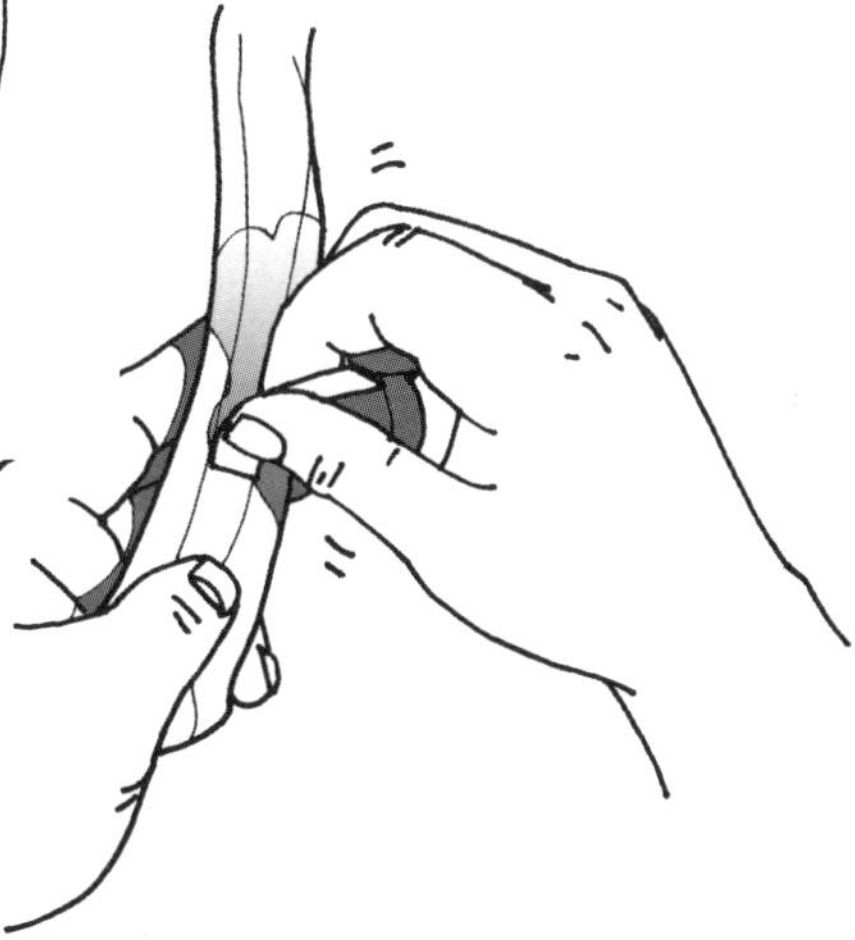

⑤パンク個所をサンドペーパーでこする。これは、汚れを取りゴム糊をつきやすくするためである。

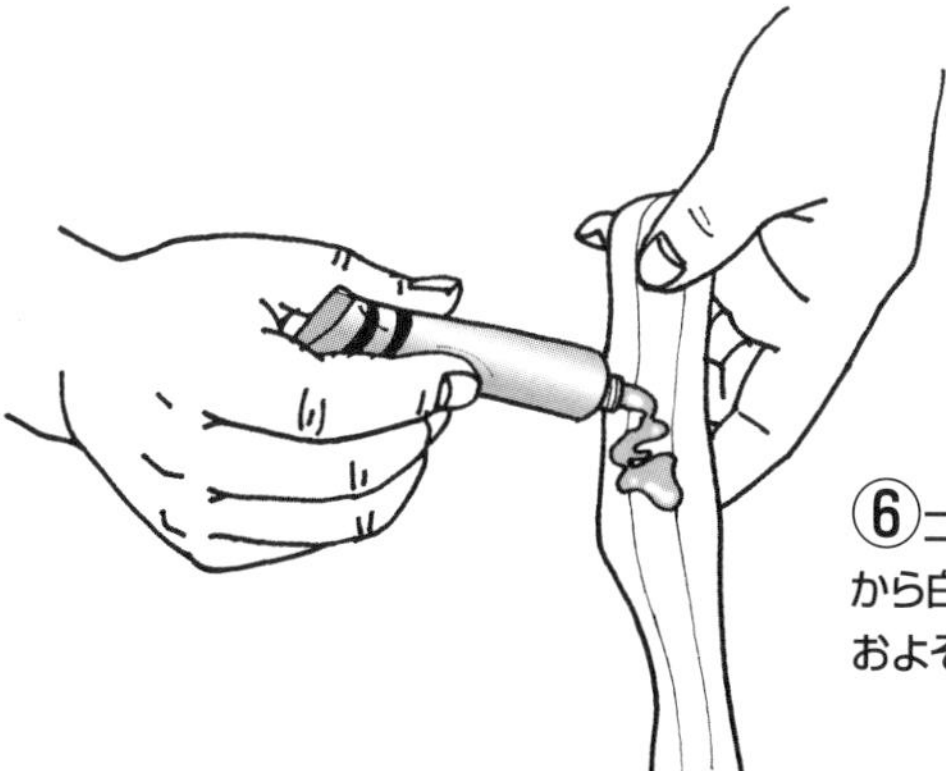

⑥ゴム糊を塗る。表面が透明から白くなる程度まで乾かす。およそ3分ほどだ。

⑦傷口をふさぐようにして、
パッチをていねいに貼る。

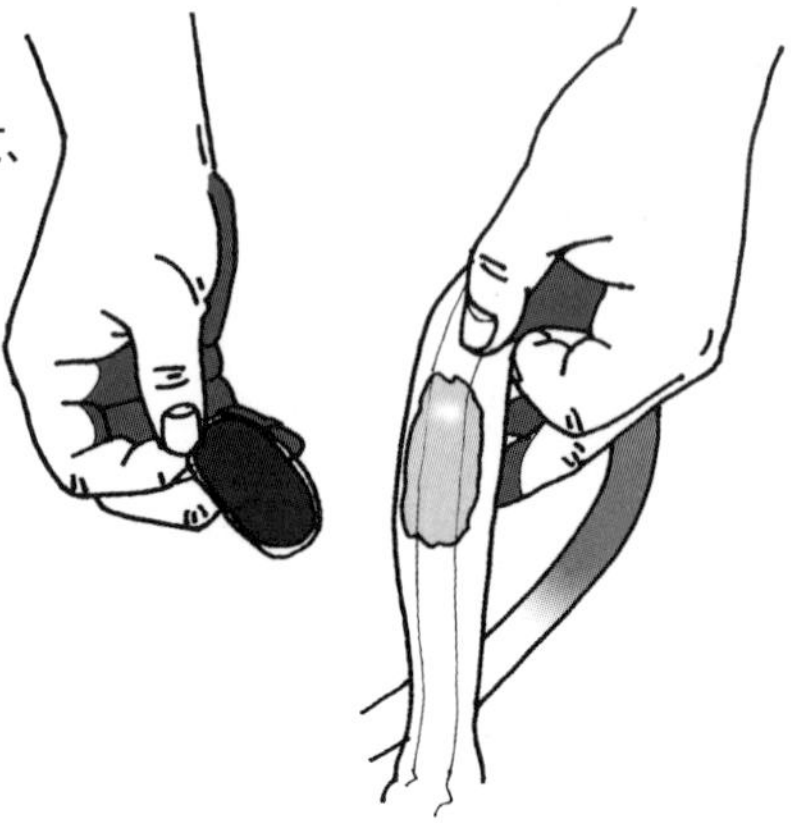

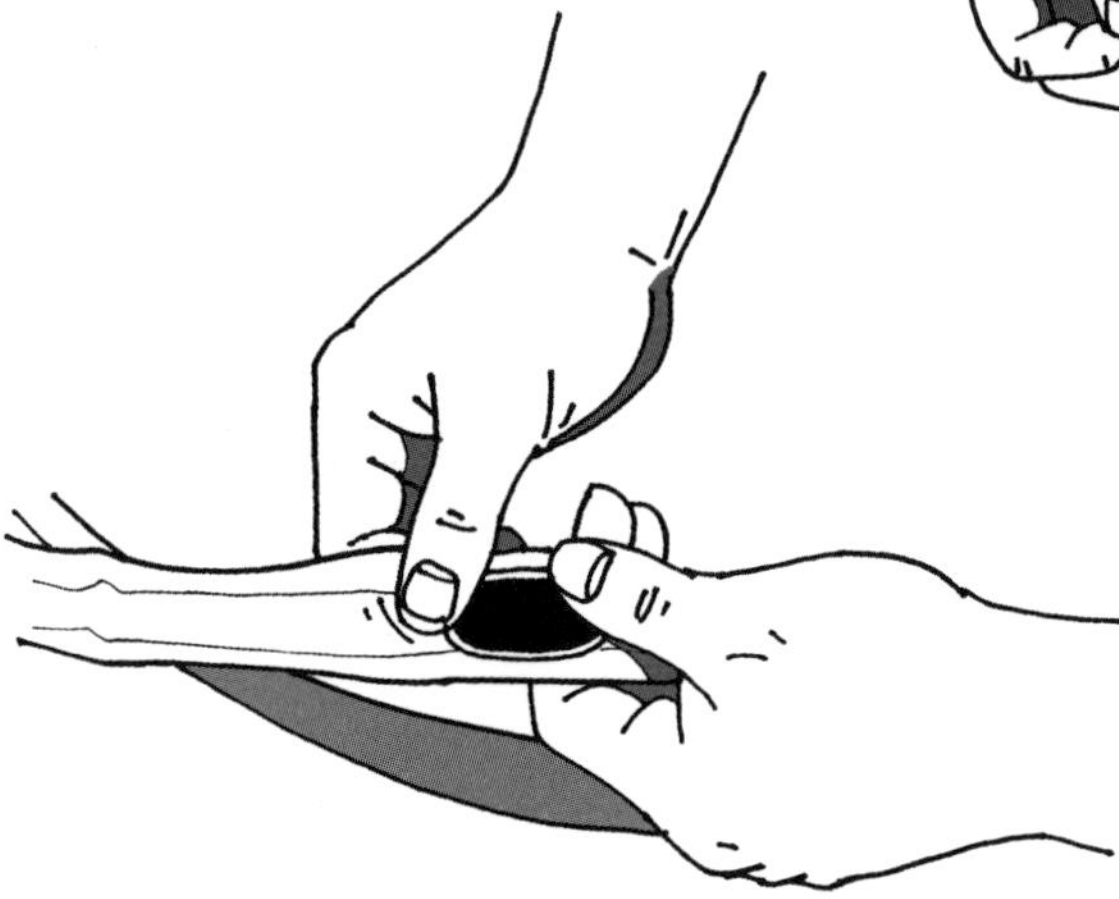

⑧保護フィルムを取り、きちんと貼れたかを確認したのち、再びチューブに空気を入れて他に穴が開いた個所がないかを確認する。

⑨バルブをリムに通してから
チューブをリムにはめこむ。

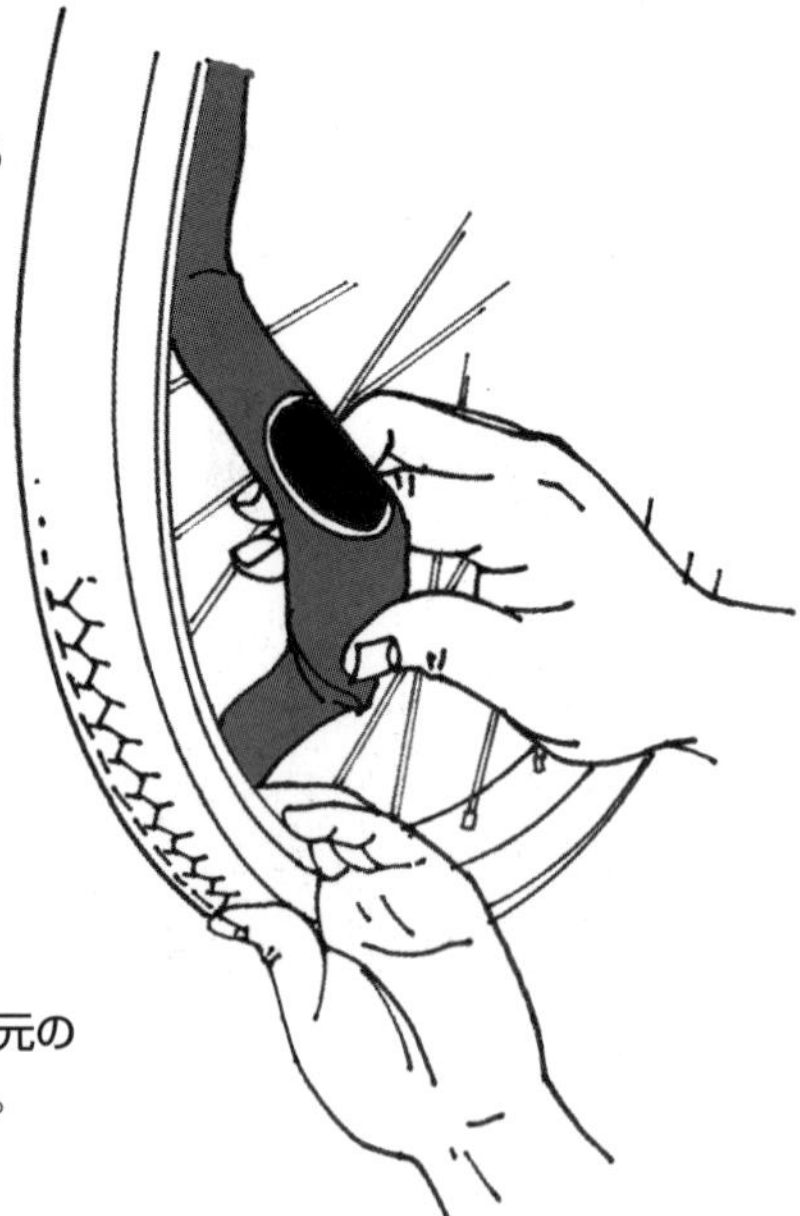

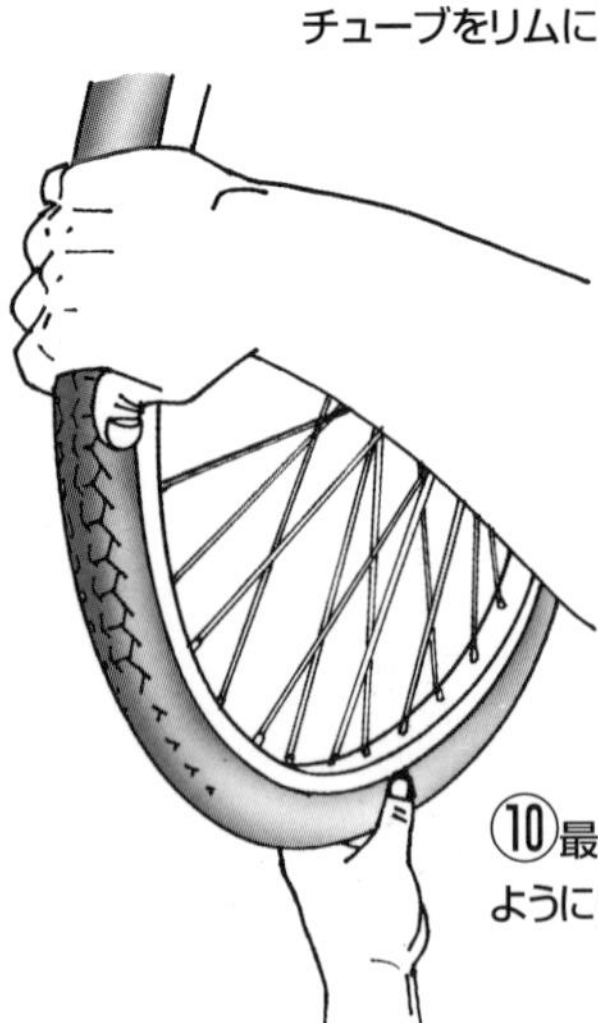

⑩最後にタイヤを元の
ようにリムに入れる。

必要なグッズを揃えたら自転車ライフもサマになってきた

日本ではまだヘルメットをする人が少ないが、ヨーロッパやアメリカではヘルメットを装着するのが常識となっている。

安全面を考えると、日本でもヘルメットを着用することがもっと普及していいはずである。

手袋もぜひ着用したい。自転車専用は指が出る手袋だが、それがなければ軍手でもいい。

この手袋は決して寒さよけだけで

備えておきたいパーツ類

安全性と通気性に優れたヘルメット

左が高圧ポンプで
右はタンク付き高圧ポンプ

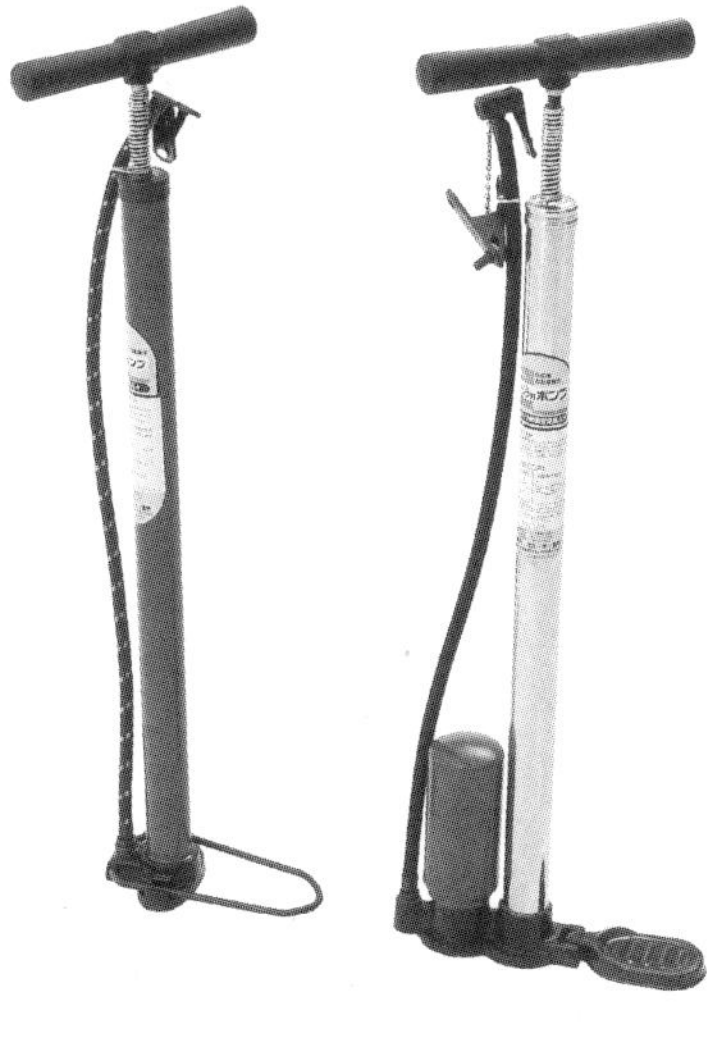

中にパッドが付いていてサドルとの当たりをソフトにするインナーパンツも揃えたい

はなく、ハンドルをしっかり握るためだ。また、ケガの防止用でもある。自転車に乗っていて何かに接触して倒れてしまうとき、多くの人は直接地面に手をつこうとしてケガをするケースが多い。このように、一般的には倒れるときにハンドルから手を離す傾向があるが、地面に手をつくときに誤って骨折する人が意外と多い。

暗い夜道を走るときには存在を示すライトが必須

本当は、倒れるときにはハンドルから手を離してはいけない。手を離さなければ倒れるときに柔道の受け身のような状態で肩から回って衝撃を抑えられるのだ。競輪でも落車のときにハンドルから手を離さないのが大原則になっているほどだ。

その他に必要なのはフラッシングライト。夜暗い道を走っているとき、自分の存在を知らせることが事故防止につながる。

あとは、空気入れを揃えたい。ママチャリでもこまめに空気を入れていけば、タイヤの耐久性も全然違ってくる。

お勧めなのが、タンク付高圧ポンプである。タンクでいったん空気をためるので圧縮された状態の空気がタイヤ内に注ぎこまれる。それだけ高圧の空気をタイヤに注入することができる。高圧の空気圧が必要なロードバイクタイプでは必需品だ。

自分の存在を他人に知らせるリア用のフラッシングライト

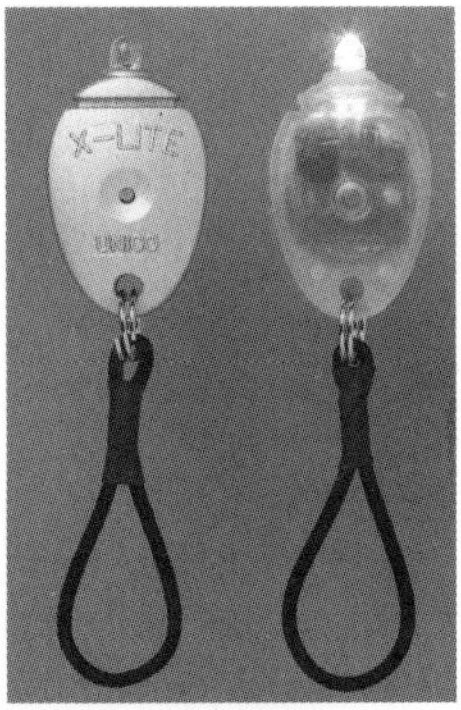

最近はLEDの超小型のセーフティライトが人気だ

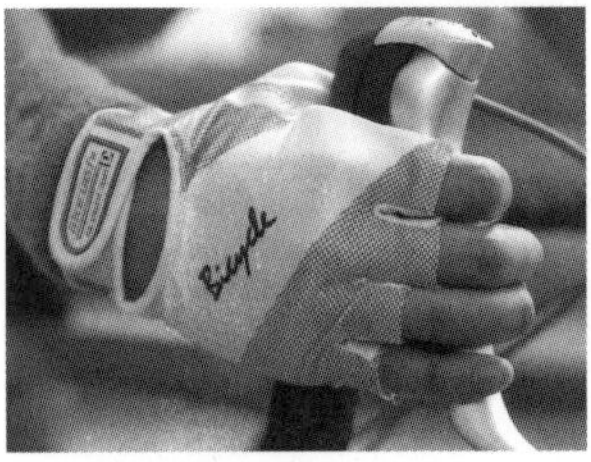

ハンドルの握りを安定させるグローブ

第2章

続けられるのは、からだに無理がかからないだけじゃなかった

素朴な疑問。なぜ自転車はラクなのか

自転車に乗れば、とても楽な感じで前に進むことができる。ランニングやウォーキングに比べても、自転車を走らせた場合はからだに負担が少ない。

なぜ、自転車はそんなにも楽なのだろうか。それは、自転車に乗って進むと、からだの重心の位置が一定の高さで前に移動していくからだ。つまり、からだの重心が上下にアップダウンしない分だけ無駄な力を使う必要がないし、前への移動も効率的になるのである。

この点をもう少し詳しく見てみよう。たとえば、ランニングの場合だと、腰の位置は上下の移動を繰り返していくが、バイクの場合は腰の位置が完全に一定して地面と水平に推移していく。腰の上下運動がないということは、膝を中心とした下半身への負担を極力少なくするという効果を生んでいる。

からだの負担が軽いから続けて乗っていられる

ランニングの場合だとすべての体重が膝や踵にかかってしまうが、自転車の場合は体重をハンドル、サドル、ペダルの3か所に分散することが可能である。

もちろん、自転車の種類に応じて分散の仕方は違う。一般的なママチャリだと上体が起きるのでサドルで一番体重を受け止めているし、ロードバイクの場合は前傾姿勢がきついので、慣れないとハンドル側に多くの体重がかかる。このように体重の受け止め方は違っても、ハンドル、サドル、ペダルの3か所に分散されるという事実には変わりがない。

この点から見ても、ランニングに比べて自転車のほうが足への負担を軽くしながら長い時間運動を継続させることができるわけだ。

腰の動きを比較してみるとよく分かる。ランニングでは腰が盛んに上下するが、自転車の場合は腰の高さが一定である。このように、からだがスムーズに前進するので自転車は楽なのである。

水泳やランニングよりも、やっぱり自転車！

運動不足の解消を目的に、ランニングや水泳にチャレンジした人もいるだろう。でも、ずっと長続きするという点では、自転車が一番である。運動効果があるわりに疲労感が少ないからだ。

自転車が楽に前に進んでくれるので錯覚しがちだが、ペダルを踏むという動きは本来それほど軽い運動ではない。実際には意外とエネルギーを消費する動きなのである。確かに普通に自転車に乗っているとき、私たちは特別な意識をもたないで惰性でペダルを回している感じがする。

しかし、ペダルを回すときに使われているのは、からだの中で一番大きな筋肉である大腿筋である。この大腿部を休みなく動かすのにはエネルギー消費をともなう。サドルに腰かけて重心の高さを一定に保ちながら自転車をこいでいるので、意外と楽に進んでいるように見えて、実は相応の運動効果をもっているのが自転車だといえる。

下半身だけでなく全身を使う運動だ

しかも、使われているのは下半身だけではない。両手はただハンドルを持っているだけと思われがちだが、しっかりペダルをこぐためにはハンドルを引きつけなければならないので、腕にもそれなりの力がかかっている。

また、自転車はバランス感覚を養うのに最適な乗り物である。からだが衰えると、バランス感覚が鈍ってすぐに転ぶということがありうる。しかし、自転車に乗っていると、ハンドルを持ちながら常に左右の手でバランスを取らなければならず、このからだの使い方（＝筋肉の使い方）が意外と老化を防いでくれるのである。

このように自転車のメリットは多い。

こういう点から「自転車は全身運動」と言うことができる。

それでいながら、からだの局部への負担は少ない。

たとえば、ジョギングの場合は着地時に膝に相当な負担がかかり、長時間にわたり運動を続けるためには、計画的なからだづくりが必要になってくる。

一方、自転車を乗るときは、膝にかかる負担はジョギングと比べてもはるかに小さく、それほど疲労を感じることなく長い時間ペダルを踏むことができる。

ワンポイント

継続は力なり

自転車の利点は、それほど苦しまずに長い時間続けて行えることである。たとえば、水泳を2時間続けるというのは大変だが、自転車ならより少ない疲労感で長時間続けることができるし、定期的に行うやる気が起こってくる。この「続けられる」という点に大きな意味があるのだ。

ランニングの場合は着地時に足には体重の5倍の衝撃がかかる。一方、自転車ではハンドル、サドル、ペダルで体重を支えているので、衝撃はほとんどかからない。

生活習慣病の予防にも効果が大きかった！

普段運動をやり慣れていない人は、できるだけ激しいスポーツは避けるべきである。それは、心臓に大きな負担がかかってしまうからだ。

端的な例として、テニスと自転車の心臓への負担を考えてみよう。

通常の30代男性の一例として、テニスのプレーと自転車を時速15㎞で走らせたときを比較してみる。時速15㎞というと、平坦な道であれば軽快にペダルを踏む程度の速さ。息を切らして必死にこぐ必要がない運動レベルだ。

まず1分後にテニスの心拍数は130を超えた。このとき、自転車は120前後だった。3分後には自転車はまだ約125だったが、テニスは160を超えてしまった。実際、心拍数が160を超えるとかなり激しいスポーツと言わざるをえない。

しかし、自転車は120前後を推移していく。これが非常に大事なことで、心拍数を一定に保ちながら運動できるというのは健康面でも理想なのである。

あのエアロバイクが重宝されるワケは？

しかも自転車は、有効な有酸素運動で、運動しながら体内に酸素を適切に取り込んでいくので、心臓や呼吸器の働きが活発になり、心肺機能が高まる。

当然ながら血行もよくなり、生活習慣病の予防にも効果が大きい。運動の負荷自体は軽いが、手軽に継続できるという点も頼もしい。

さらに大きなメリットがある。実は、有酸素運動の中で心拍数120前後が一番脂肪の燃焼効率が高いといわれているのだ。

フィットネスジムに有酸素運動のためのエアロバイクがズラリと並んでいるのは、こういうワケ（からだへの負荷が強くないレベルで一定にしやすく、しかも長時間にわたって運動を継続できる）があるからだったのだ。

ただし、屋内のエアロバイクだけで自転車の効能を生かそうとするのでは物足りない。なぜなら、快適に五感を澄ませて野外で有酸素運動をすることに意味があるのであって、アウトドアの風を受けたときの爽快感は屋内のエアロバイクでは到底味わえない。

しかも、エアロバイクは、飽きてきてそう長い時間できないが、屋外ならいつまでも走っていたい気持ちになれる。長く続けるためにも、野外を快適に走っていきたいものだ。

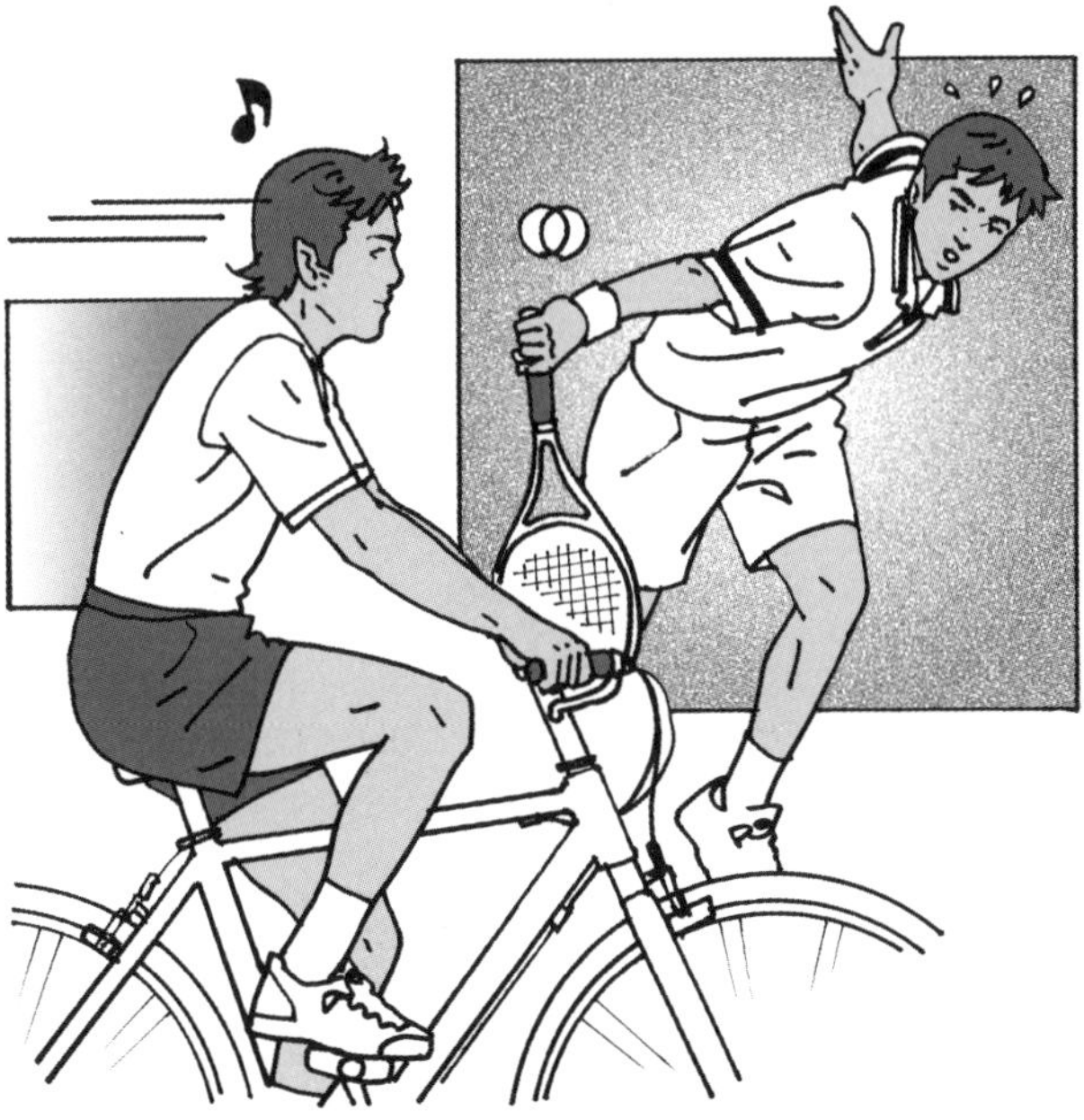

〈心拍数から見たテニスと自転車の運動量の比較〉

	（1分後）		（3分後）
テニスの場合	130以上	→	160以上
自転車の場合	120前後	→	125前後

※あくまでも通常の30代男性の一例

自転車でダイエットにも励んでみた

ダイエットをするためには、体脂肪を減らさなければならない。その体脂肪を燃焼させるうえで効果的なのが、体内に酸素を取り込みながら行う有酸素運動である。この有酸素運動には、ウォーキング、ランニング、エアロビクスなどがあるが、自転車も有効な有酸素運動として知られている。

なぜ、有酸素運動が体脂肪を減らすのに効果的なのか。それには、エネルギーの種類から考えてみる必要がある。からだを動かすときのエネルギー源にはグリコーゲンと脂肪の2種類がある。両方とも体内に蓄積されているが、動きの程度によって出番が変わってくる。

有酸素運動をすると体脂肪が消費される

激しくからだを動かすような無酸素運動のときに主な出番があるのは、筋肉の中にあるグリコーゲンである。このグリコーゲンのおかげで、誰もが筋肉を激しく収縮させることができる。

しかし、グリコーゲンは貴重なエネルギーになると同時に乳酸という疲労物質も生んでしまう。この乳酸は非常にやっかいな物質で、これが増えれば増えるほど人間は疲労感がはなはだしくなって運動を続けられなくなる。ハードな運動をするとすぐに疲れてしまうのはこのためである。その反対に、有酸素運動のような軽めの運動をするときにエネルギー源となるのが体脂肪だ。無酸素運動とは違って体内にどんどん酸素が取り込まれ、それによって体脂肪が燃焼されていく。

しかも、ありがたいことに乳酸も生まれない。やっかいな疲労物質が出ないので、運動を長い時間続けることができるというわけだ。

ワンポイント

自転車で余分な贅肉が落ちた

自転車のような有酸素運動の場合は、からだに蓄積された余分な脂肪から順番に燃焼されていく。女性でいえば、腹部や腰回りなどである。男性の場合もアルコール飲料などによって内臓に付いた脂肪から減っていく。自転車を続けることで内臓脂肪が徐々に減っていき、確実にウェストが細くなるだろう。このように、一番付きやすい脂肪から減ってくれるので本当にありがたい。

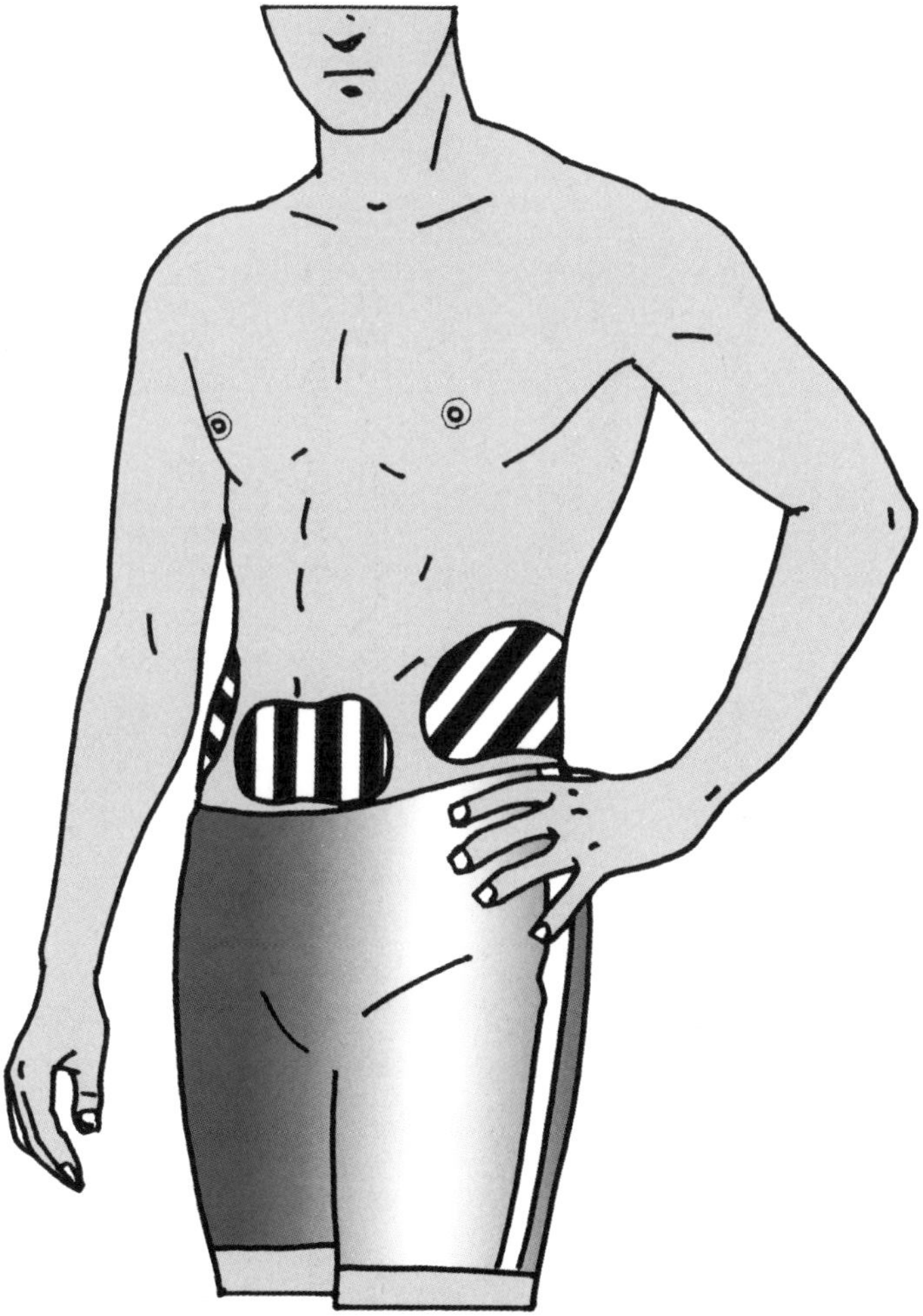

自転車を継続することで脂肪が付きやすい腹部や腰回りの贅肉を落とすことができる

20分以上自転車に乗ることは全然苦じゃなかった

自転車が有効な有酸素運動で、ダイエットに効果があることが分かった。それでは、どのくらい自転車をこぎ続ければいいのだろうか。

結論からいえば、20分以上は続けて行ってほしい。有酸素運動の特徴として、20分以上継続するとさらに効果的になるからだ。20分以下の有酸素運動なら体脂肪の出番がそれほどなくてもすんでしまうが、20分を超えると貴重なエネルギー源として体脂肪が次々と消費されるようになるのである。目安は20分である。20分以上の有酸素運動を行えば、体脂肪が効果的に燃焼されていく。この点でも、自転車はダイエットに向いている。何よりも、長い時間にわたって継続できるというのが自転車の大きな特徴であり、本人次第で1時間でも2時間でも自転車に乗っていることができる。

結果的に、自転車に乗ると体脂肪を確実に燃焼させることができるようになる。

激しく動くより のんびりがいい

かなり全力を使ってスピードを出すような走り方は、実はあまり体脂肪が減らない。エネルギーこそかなり消耗するが、長い時間続けられないことがネックになってしまうのだ。また、全力を使って自転車を走らせたときは、筋肉中に蓄えられたグリコーゲンを使うことになり、実際に体脂肪はそれほど減らない。そこに錯覚がある。たとえば、フィットネスジムで自転車をこぐ場合でも、もがきながらペダルをこげば練習後に疲労が残って「よくこいだなあ」と納得できるが、その疲労ほどには体脂肪が燃えていない。むしろ、音楽でも聞きながらのんびりとペダルをこいでいるほうが、効果的に体脂肪が減る。

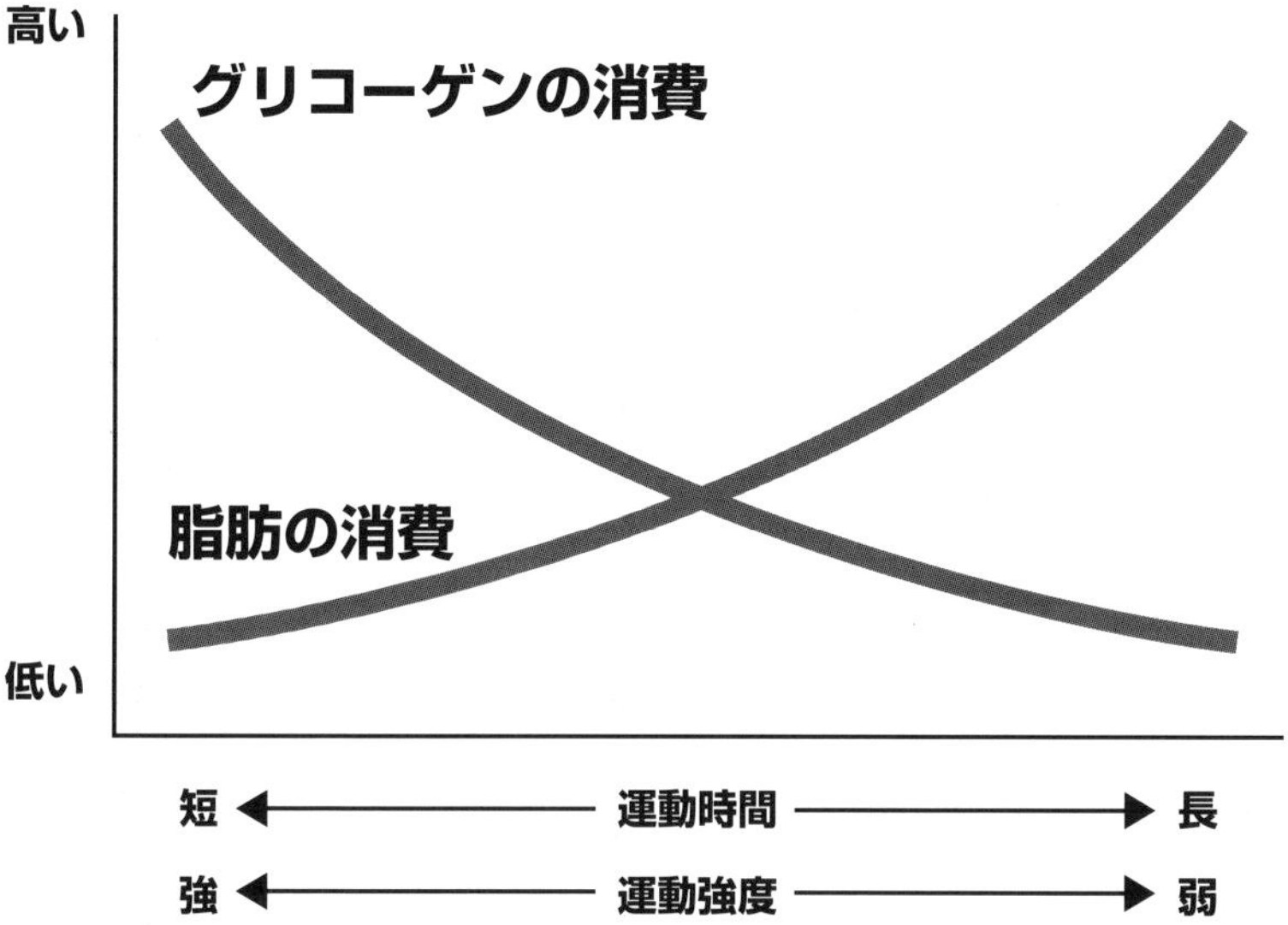

●運動強度とエネルギー源の関係

運動強度が強くなるとグリコーゲンが主に使われ、運動強度が弱いと脂肪が消費される

●運動時間とエネルギー源の関係

運動時間が長くなるとつれて脂肪が消費される度合いが高くなる

ワンポイント

時間がなければ細切れでもかまわない

忙しい人にとって１回当たり20分以上も時間を取れない場合が多いのも事実。だからといって、ガッカリしないでほしい。あくまでも「20分以上」を勧めたが、それでなくては駄目だというわけではない。たとえば、１日に30分ほど自転車に乗るとしたら、それが10分を３回行う細切れになっても大丈夫だ。買い物やちょっとした用事をすませるために自転車に乗れば、すぐに合計時間が１日30分を超えるだろう。これだけでも、十分な運動になっている。要は自転車に乗り続けるということが大事なのである。

自転車が爽快感を呼ぶ理由が分かった

なぜ自転車に乗っていると気持ちがいいのだろうか。

風を切って進む軽快感も気持ちがいいが、それ以上に自転車には特別な爽快感がある。それは、ジョギングやウォーキングをしているときとは、また違ったフィーリングといえるものだ。何か心からウキウキしてくるような爽快な気分にひたれるのである。

実は、自転車に乗ると人間の体内にドーパミンという神経伝達物質が生じる。この物質が、爽快感をいっそう促進させてくれる。ただし、神経伝達物質というと、β（ベータ）エンドルフィンがよく知られている。

これはリラックスした状態のときに発生するもので、脳神経の伝達をスムーズにさせて脳を活性化させる効果をもつ。ドーパミンもこのβエンドルフィンと非常に近い神経伝達物質だが、高揚した気分のときに発生するもので、βエンドルフィン以上に神経細胞を活性化させる働きがある。

ドーパミンが生まれ気持ちがポジティブに

ドーパミンが生じた結果、より積極的な気持ちとなって、活動的な行動が促されることになる。

つまり、自転車に乗って爽快に感じるのは、単に景色を楽しんだりスピード感を満喫したりしているだけだからではなく、ドーパミンという物質が体内に生じて気持ちがどんどんポジティブになっていくことも大きい。

このように、自転車に乗っていると、からだの中で気持ちのいい変化が起こってくる。日常生活でたまったストレスを解消させるのに、なるほど自転車がいいわけだ。

自転車の乗りすぎで痔にならない？

「自転車に長く乗ると痔になりやすいみたい」

こんなことを聞いたことがある人もいるだろう。確かに、自転車に乗ると痔になりやすいと本気で考えている人が意外と多い。しかし、これは完全に誤った見方である。

確かに、サドルにお尻を長時間乗せておく必要があるが、座り心地のいいサドルをきちんと選べば何ら問題がない。また、自転車に乗ったときにサドルにばかり体重がかかるわけではなく、ハンドル、ペダル、サドルの3か所に体重が分散されるので、お尻への負担もそれだけ軽減される。必要以上に神経質にならなくても大丈夫だ。

逆にいうと、自転車に乗ると特に下半身の血行がよくなり、鬱血がなくなってかえって痔の予防にも役立つのだ。つまり、痔になるどころか、それを防ぐ働きがあるというのは大いに助かる。安心して自転車に乗ってほしい。

太股が太くなるという心配もいらなかった

その他にも、自転車に乗ると太股が太くなってしまうと錯覚する人もいる。

確かに、競輪の選手を見ていると、太股が非常に太くなっている。自転車を長く続けると、あのように太股が太くなってしまうと気にする人もいるだろう。

でも、その心配はいらないとはっきり言える。競輪の場合はスピードを上げるために瞬発力を鍛える練習を繰り返していて練習も凄くハードである。一般の人はそこまで練習をする必要もないし、練習の中身もまったく違う。

だから、太股がさらに太くなるようなことにはならない。

自転車に乗って格別な快適空間を見つけよう

実際、子供の頃は誰もがワクワクする思いで自転車に乗ったはず。ところが、大人になると自転車を単なる移動のための実用的道具としてしか思わなくなる傾向があった。こんなもったいない話はなかった。スポーツ自転車はいわば、子供の頃の自転車に対するときめきを復活させるような大人のツールである。

現在は各地で徐々にサイクリングコースが増えてきており、長時間にわたって自転車を楽しむ環境が整いつつある。

あるいは、特別な専用コースでなくても、近所の公園や河川敷を利用した自分なりのサイクリングコースを設定することも可能だろう。

エコロジーの時代にふさわしい乗り物！

何よりも、用途に応じて様々なタイプの自転車が揃っているのがうれしい。近所で乗るだけのレベルから、マウンテンバイク、ロードバイク、トライアスロン用バイクまで、自転車との関わり合いに応じて高性能の自転車がスタンバイされている。また、一般のシティサイクルから乗り換えようとするなら、乗りやすく機能性も高いクロスバイクもある。エコロジーの時代にふさわしく今後日本でも趣味としての自転車がもっともっと盛んになっていくはずだし、ぜひその仲間に加わろう。

実際、自転車ツーリングで味わえる世界は格別だ。ひとたび自転車を走らせれば、「街を再発見する」「人の生活が見える」「野性の感覚を取り戻せる」「友人が増える」「自然の中で五感が研ぎ澄まされる」「からだが軽くなる」といった経験ができる。

スポーツ自転車に乗れば、確実に自分の人生が変わってくるのだ。

第3章

快適で安全に乗るコツがあった

快適な乗り方のポイントは適度な前傾にあった

自転車に乗る姿勢は、何よりもハンドルの位置によって左右される。アップハンドルであれば上体が起きてくるし、ドロップハンドルならかなりの前傾姿勢となる。そして、フラットハンドルでは、その中間の乗車ポジションを取る。それぞれについて順に見ていこう。

アップハンドルを持つアップポジションの場合は、俗にいう「リラックスフォーム」であり、上体が起きて前がよく見渡せて安全というメリットがある。

ただし、風圧を一番受けるし、体重の多くがサドルにかかり、あまりスピードに乗らない。そういう意味では、からだのパワーをロスする割合が高い。

近所への買い物程度に自転車を利用するなら楽な姿勢で乗れていいが、長い時間楽しもうとするときは体力を消耗する割合は大きくなる。

お尻の位置がサドルの前側にくると要注意

アップポジションと正反対なのが、ドロップハンドルを持つときのドロップポジションである。一番の前傾姿勢を取るので、スピードがよく乗るし風圧も最小限に抑えることができる。

とはいえ、このときの前傾姿勢は、からだ全体を使ってやるスポーツとしてもハードな部類に入る。特に上体を前にグッと倒すときに腹筋と背筋を使うので、その筋肉を鍛えておくことも重要になってくる。

ただし、疲れてくると前傾姿勢も崩れてくることがよくある。それでもハンドルの位置は変わらないので腰が前のめりになって、お尻の位置がサドルの前側に移っていってしまう。こうなると要注意だ。つまり、お尻がサドルの前のほうにくると疲れ

適度な前傾姿勢

○

前傾姿勢を続けることで
背筋が鍛えられていく

○

前方をしっかり見て、からだを
沈めるように前傾姿勢を取る

サドルの位置

×

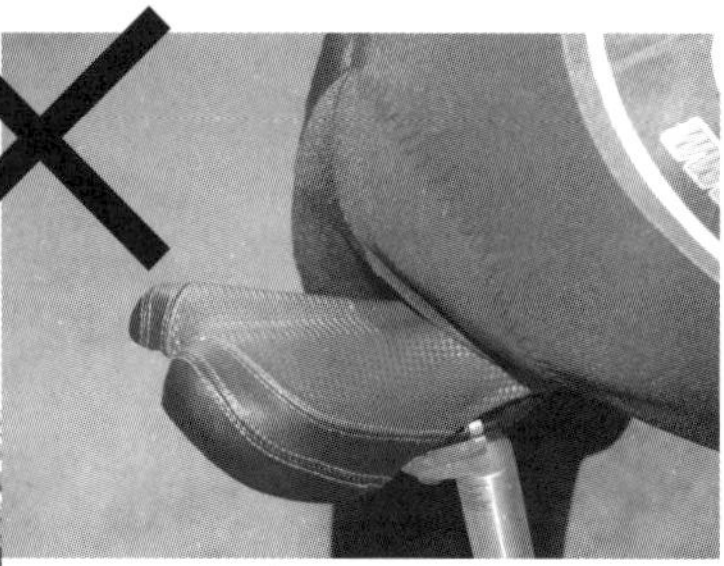

疲れてくると腰が前のめりになって
お尻がサドルの前に出てしまう

○

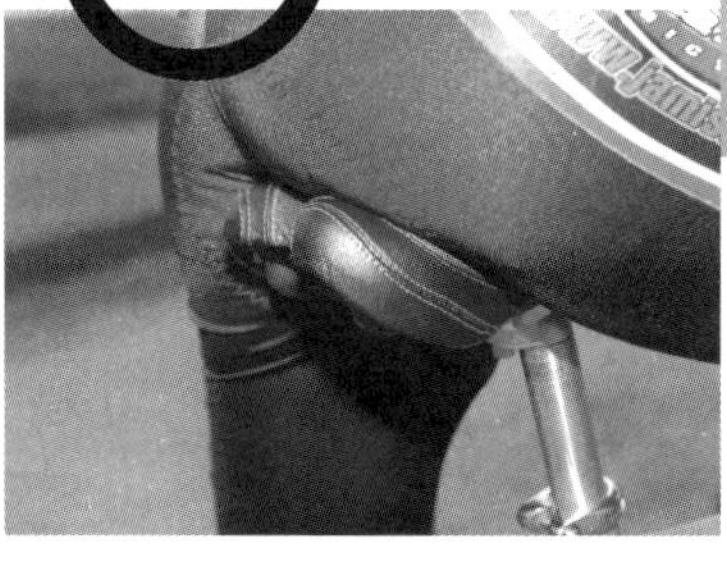

腰の位置を安定させてサドルに
しっかりと座るようにする

てきている証拠なのだ。

また、仮に前傾姿勢がつらいからといって、からだが起き気味になると、かえってサドルに体重がかかりすぎてスピードに乗らないし、お尻も痛くなってしまう。

そうではなく、前に体重をかけてきちんとペダリングしていけば、体重がハンドル、サドル、ペダルに分散していって、からだのバランスがよくなる。中途半端なドロップポジションが一番よくないのである。

体力的にドロップポジションが無理であれば、フラットハンドルを持ったときのフラットポジションを取ってみよう。クロスバイクの場合もこの持ち方が一番多くなる。

まず、大事なことは上体が起きすぎないようにすること。適度な前傾姿勢を取ることが基本になる。この場合の「適度」というのは個人差があって一概に言えないが、両腕が軽く曲がる程度に上体を前傾させていくことが大切だ。そのほうが歩道の段差などを越えるときにもうまく両腕が衝撃を吸収できていい。

前方をしっかり見据え自然な握りを保つ

逆に両腕に力が入ってしまうと、上半身で突っ張ってからだを支えようとして適度な前傾姿勢を取れないので注意しよう。

ただし、腕以上にポジションの支えとなるのは腰だ。つまり、自転車のポジションの要は腰の位置——すなわちサドルポジションなのだ。たとえば、走りながら両手を腰の後方に回し、上体を気持ち前傾させてペダリングしてみるとその感覚がつかめるはずだ。そうして、手をハンドルに軽く添えた状態が適切な乗車姿勢といえる。

頭は前方をしっかり見据えて脇を閉め、肘を開かないようにする。手首は自然な握りを保ち、あまり返らないようにする。このあたりはウエイトトレーニングにおけるバーベルの持ち方に似ている。

ところで、自転車を長い時間乗れば、どうしても同じ姿勢をずっと保つことになり、からだの特定の部分に負担がかかりやすい。特に腰痛を起こす人が多いが、これは乗車フォームに問題があるケースが多い。

ハンドルに応じた前傾姿勢

○

脇を締め肘が開かないようにして体重を前にかけて前傾姿勢を取る

×

両腕が伸びきって上体が起きてしまうと窮屈な乗車フォームとなる

ワンポイント

進行方向に勢いをつける乗り方

適度に前傾姿勢を取ると体重が前にかかるので、進行方向に対して勢いがついてそれだけ効率よく前に進むことができる。つまり、前傾姿勢のほうが自転車も楽に進むのだ。そのうえで、正しいフォームで自転車に乗るためには、脇を締め肘を開かないようにすることが大切だ。

サドルの高さはペダルと膝の関係を見て決めた

サドルの高さをどのように調整すればよいだろうか。第1章でも説明したが、ここでもっと詳しく見ていこう。

本当に安全運転の面から考えれば、停車したときに両足が地面につくくらいがちょうどいいだろう。そのほうが自転車を制御しやすいはずだ。でも、ペダルの回転という意味では、あまり効率的とはいえない。サドルが低すぎると足がうまくペダルを回せないのである。たとえば、足が地面にペタッとつくようであれば、こいでいてペダルが一番下にきたときでも膝がかなり曲がってしまう。こうなると、足の力を十分にペダルに伝えることができない。

ペダルを上から下に回すときに足に一番力が入るのに、膝が常に曲がった状態では肝心の力が入らないのだ。そんな状態で長い距離を走るのは本当に大変だ。そこで安全運転を損なわない程度にサドルを調整する必要が出てくる。

ペダルが一番下のときわずかに膝が曲がる

効率的なサドルの位置というのは、ペダルが一番下の位置に来たときに膝がほんの少し余裕をもって曲がる状態である。つまり、膝が完全に伸びきってしまってもいけないのだ。なぜなら、膝に柔軟性がなくなり、かえって力のロスを招くからだ。ペダルが一番下にきたときには、わずかに膝が曲がっている程度が理想的なのである。ただし、その状態では自転車を停めたときに地面に足がつかないケースも出てくるだろう。そんなときはサドルにずっと座っていないで、停車時にお尻を前に滑らせて、トップチューブをまたきながら停まればいいだけだ。これは別に難しいことではない。

足の爪先がようやく地面に着くくらいがサドルの高さとしてふさわしい

適切なサドルの高さ
（あくまでも目安）

身長（cm）	サドルの高さ（cm）
145	78
150	81
155	84
160	87
165	90
170	93
175	96
180	99

お尻が痛くなったら、このように解消すればよかった

快適に自転車を走らせるうえで、ときにネックになるのがお尻の痛みである。特に、ロードバイクやクロスバイクでは、脚の回転をスムーズにするためにサドルの幅が狭いものが多い。

しかも、長時間乗っていると股がすれてくるということも起こりがちだ。お尻が痛いときは、どう対処すればよいだろうか。

まず、局部的に特定の部分だけ継続して痛いようであれば、サドルを変更することも考えたほうがいい。あなたのお尻の形とサドルがマッチしていないことが十分に考えられるからだ。

同じメーカーでもサドルの種類は数多くあり、その形状によっては乗る人に合わないケースもある。そんなときは我慢しないで、もっと適切なサドルを選ぶようにしたい。

サドルにドッシリと座るとお尻が痛くなる

逆に、お尻が全体的に痛いようであれば、サドルの高さや乗車ポジションに問題がある場合が多い。自転車に乗る際の理想は、ハンドル、サドル、ペダルの3点でバランスよく体重を支えるということだ。

しかし、ビギナーはサドルを高くすると不安定になるのを怖がるあまり、低くしてしまいがちだ。その結果、サドルにドッシリ座ることになり、適度な前傾姿勢を取れないでお尻にばかり体重がかかって負担となってしまう。

それを防ぐためにも、サドルを適切な高さに保つことが大切だ。その上でサドルは前後に動かすことも可能なので、適度な前傾姿勢が取れるようにサドルを動かすことも試みてみよう。

また、履いているパンツとサドルが摩擦を起こしてお尻がすれるケースもある。そんなときは、滑りやすい素材のものに換えてみるといい。

さらに、乗車ポジションをこまめに変化させることも大切である。同じ姿勢を続けているとどうしてもお尻や腰に負担がかかるので、ときには立ちこぎをしてみたり、腰を浮かせ気味にして、まずは乗車の姿勢を変えていく。前傾姿勢がとれていると、腰も簡単に浮かせられるようになってくる。

これは、全身を動かして自転車をこぐということにもつながり、より快適な走りが楽しめるようになる。お尻が痛くなるというのは切実な問題だが、いろいろ工夫して自分なりの解決策を見いだしてほしい。

サドルの下にはレールがあって、前後に動くようになっている

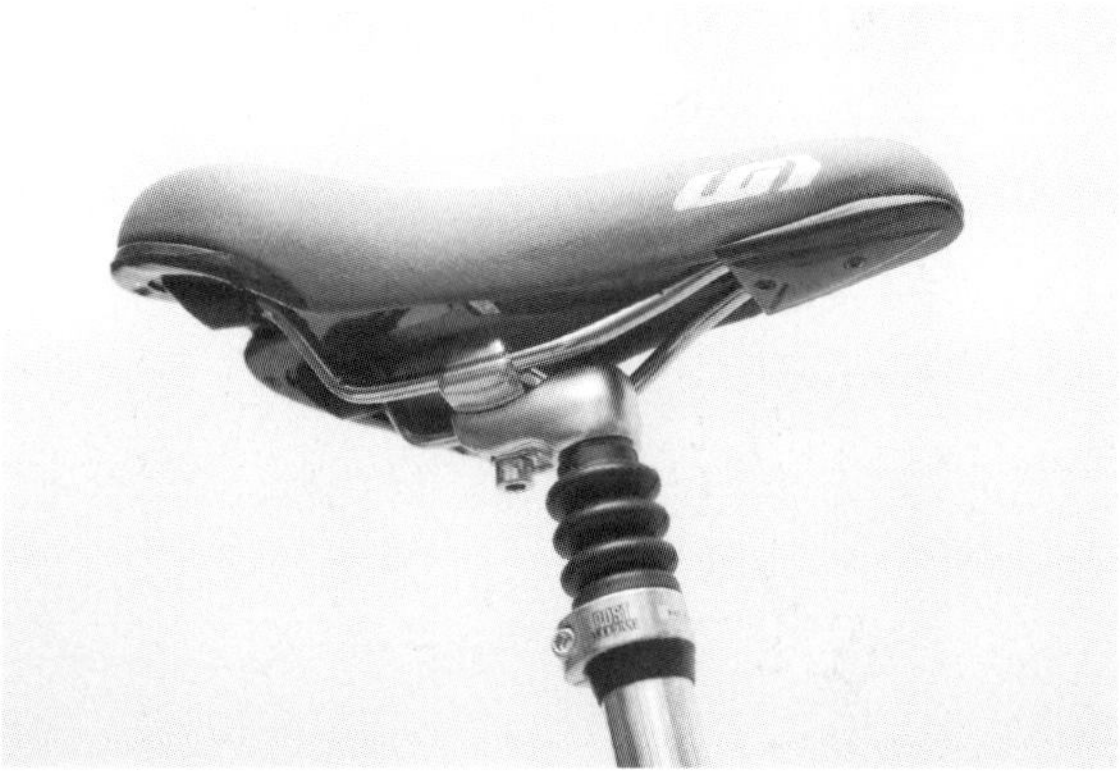

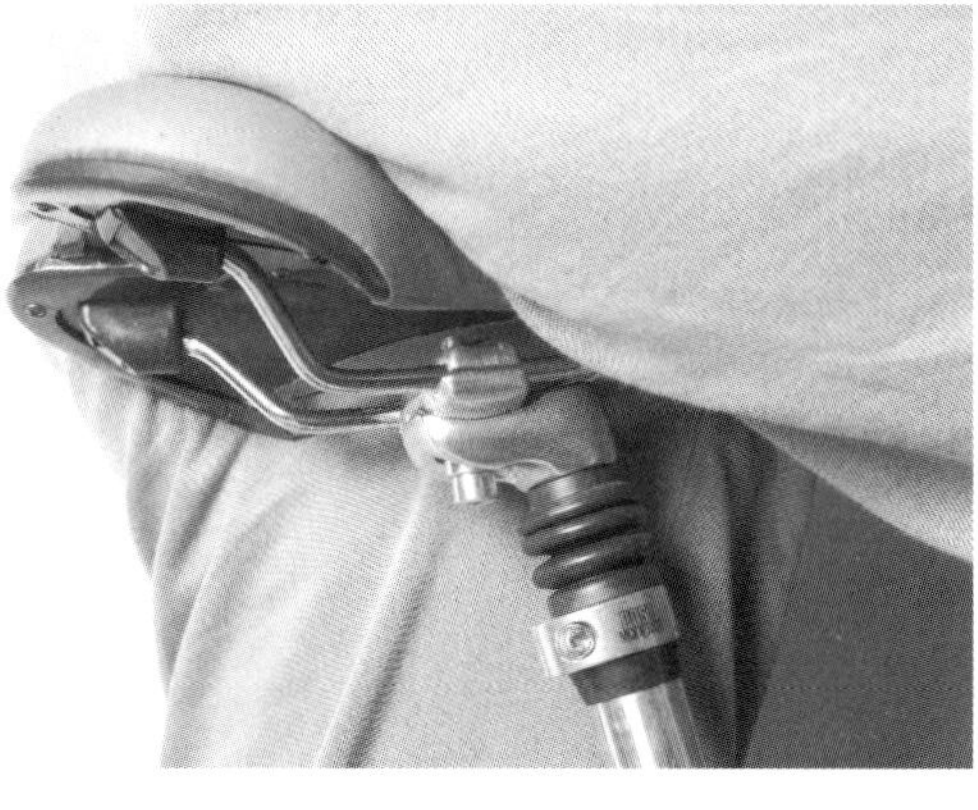

サドルにドッシリと座るとお尻に負担がかかる。ときには立ちこぎをしたり腰を浮かせて乗車ポジションを変えてみよう

母指球でペダルを踏む、が最も効率的だった

ペダルに足をかけるときは、足裏の母指球がペダルの中央にくるようにすれば、足の力が効率よくペダルに伝わる。これが大原則ということができる。

逆に、土踏まずがペダルの中央にくるようなこぎ方は、足の力がそのままペダルに伝わらない。土踏まずを刺激するという意味で健康にはいいかもしれないが、これは無駄の多いこぎ方になる。

一度自分で体験してみるとよく分かるので、母指球部をペダルの中央に乗せる方法と土踏まずをペダルの中央の乗せる方法を何度も試してみるといい。

そうすれば、母指球部をペダルの中央にもってきたほうが、足の力を無駄なくペダルに伝えられることを実感することができるだろう。

ペダルを固定すれば引き上げも動力になる

さらに、ペダルをビンディングして固定する方法もある。

そうすれば、一番下まで下がったペダルを上げるときも足の筋力を使うことができる。

こうした固定式ではないと、ペダルを回すというより部分的に押しているだけで、ペダルが上がるときは惰性で動いているにすぎない。

しかし、ペダルが固定されていれば、引き上げるときも動力になるのである。

要するに、ペダルを回している間中、動力になっていない瞬間がないわけで、それだけロスが少なくなる。

つまり、ペダルを固定するということは、人間の動力を無駄なく自転車に一体化させることにつながるのである。

✕

土踏まずの部分でペダルをこぐのは無駄が多く一番よくない

○

母指球部の骨が出っ張った部分がきちんとペダルを踏んでいるという感触を実感することが一番である

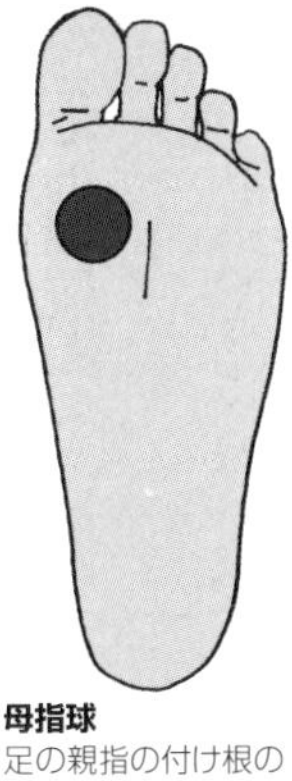

母指球
足の親指の付け根の下の膨らんでいる部分

レベルアップはギアの使い方がポイントだった

普通のシティサイクルに乗って3段ギアを使っていた人が、7段や8段の自転車に乗っても、最初はギアの使い方が分からないだろう。しかし、ギアを上手に使いこなせば、本当に効率よく走れるし、坂道にも対処できる。

こぎ方で基本的に大事なのは、ペダルの回転を常に一定にして走り、坂道などに対してはギアを変えて対処するということだ。逆にいえば、どんな状況になってもギアをこまめに変えれば、まったく同じペースでペダルがこげるのである。もちろん、男女差、年齢差、脚力の差によって自転車の走り方は千差万別だが、一定のペースを保つためには「やや負荷がかかるギア比でこいで、ペダルが重くなったらギアを軽くして、逆に軽すぎたらやや重くしていく」というのが鉄則だ。

とはいえ、その前提には自分が一番楽だと感じる基本ギア比をまず見つけなければならない。

自分が快適と思える回転数を見つける

新しい自転車に乗ったら何度もギアチェンジを行い、自分が最も快適と思う負荷と回転数を見つけることが大切だ。そうすれば、ペダルの回転を一定にして走行速度を適切に保つことができる。

しかし、ビギナーはギアが重いほうがスピードが出ると勘違いして、やたらと重いギアをゆっくり回して走る傾向がある。もちろん重いギアのほうが速く走れるのは確かだが、それもあくまで毎分80～100回転もペダルを回した場合の話だ。この回転数は筋肉が働くのに最も効率の良い速さと言われている。

この回転数で楽に走れるのなら、その数字がその人にとって最適なギアと言える。ただし、回転数を稼ぐのが苦しいのなら、ギアをもっと軽くしていかなければならない。自転車は自分の体力に応じて使いこなすことがポイントだ。「身の丈」に合った乗り物といわれるワケでもある。

こうしたギアチェンジをひんぱんに行うためには、その操作に慣れておく必要がある。前のギアをチェンジするレバーは左ハンドルに付いていて、後ろのギアは右ハンドルのレバーで変えていくことになる。

現在のギアチェンジには、レバーで操作するシマノ式とグリップを回すグリップ式がある。グリップ式は、グリップを回すだけなので、ギアを上げるのも下げるのも一気にできる。初心者にはグリップ・タイプのほうがわかりやすい。

一方、シマノ式には、親指と人指し指のそれぞれで操作する2種類のレバーが付いている。

右ハンドルのギア・レバーを例にとると、ペダルをこいでいて重いと感じたら、親指を使うレバーで一段階軽くしてみる。このレバーを奥まで引くと2段、3段とどんどん落ちる。軽くするときは、レバー操作次第で一気にできるのである。下げるときは、急に坂があって早くギアを軽くしたいときに対処できるようにするためだ。

逆に、ペダルが軽すぎると感じたら、人指し指を使うレバーでギアを上げていく。このときは、1段、1段ずつ徐々に上げていく。この場合は一気にギアを上げることはできない。その必要性がないからだ。

左ハンドルのギア・レバーの操作は右ハンドルの場合と逆になり、親指を使うとギアが重くなり、人指し指を使うと軽くなる。

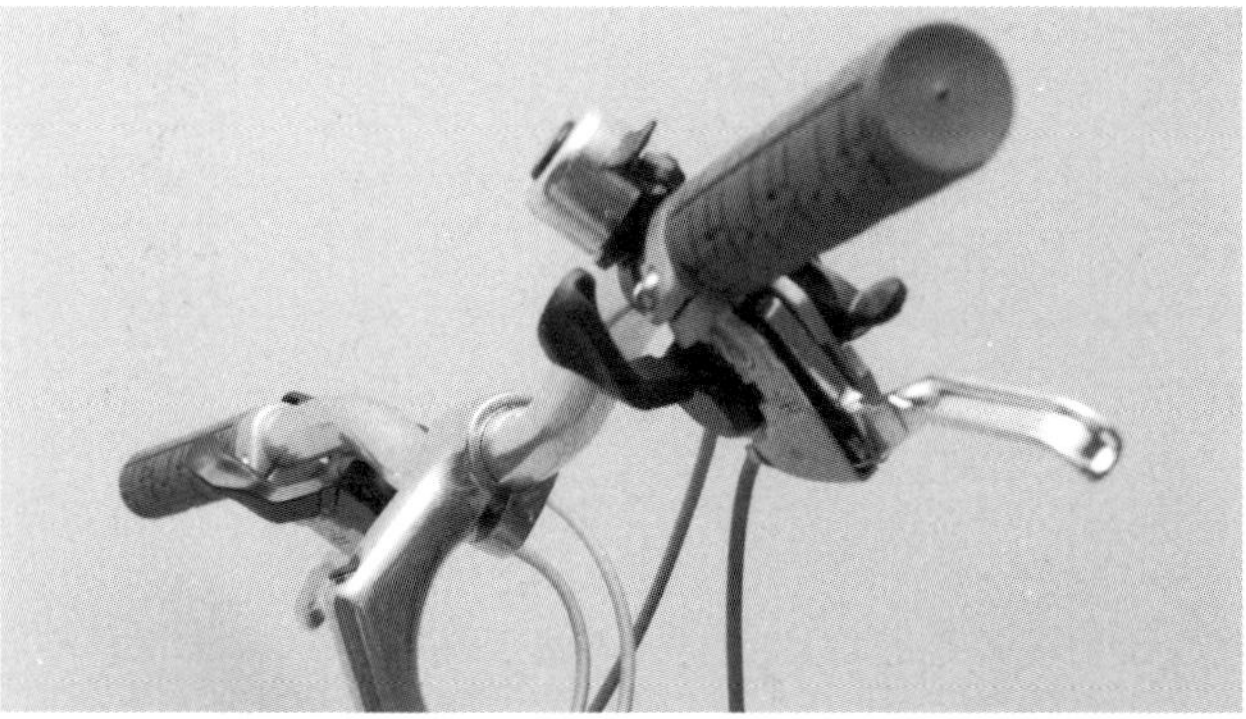
右ハンドルの場合、親指を使うギア・レバーを操作すれば、ギアがどんどん軽くなる

「後ろ7に前3」がブレーキの力の配分だった

日本の自転車の場合は、右ハンドルのブレーキで前輪を止めて、左ハンドルのブレーキで後輪を止めるという形式になっている。注意しなければならないのは、前のブレーキが効きすぎると前輪がロックされて転倒の危険性が増すということ。後輪からブレーキをかけるという習慣をつけていくことが大切だ。それもこまめに何回もかける。

特に、スピードが出ているときはまず後ろからこまめに何回もブレーキをかけていく。そして、スピードが落ちてきてから、ポイントで正確に止まるというときに右ハンドルのブレーキを使うといい。

スピードが出ているときは自分のからだ自体が慣性の法則で前に進んでおり、そんな状態で急に前輪をロックしたら、からだが前につんのめる形になってしまって危険である。

下り坂のブレーキ操作は後輪からこまめに行う

特に、下り坂で一番スピードが出ているときに、前輪に急ブレーキをかけるのは最悪。非常に危険な状態になるので、これだけは絶対に避けよう。下り坂では小刻みに後輪のブレーキ操作を繰り返して徐々にスピードをゆるめていくのが大原則である。あるいは、後輪のブレーキで速度を調整しながら前のブレーキを効かせていってもいい。

実際、自転車のブレーキも前輪のほうがよく効くようになっている。なぜなら、自転車の重量と乗る人の体重の両方が前輪のほうにより多くかかるから。その前輪を止めるのだから当然ながら右ハンドルのブレーキのほうがよく効く。そのときの後輪は浮くような感じになる。そうした不安定な状態を避けるためにも、前輪と後輪のブレーキはバランスよく使いたいものである。

それでは、コーナーを曲がるときのブレーキの使い方をもっと見ていこう。

ここでもブレーキをただ効かせればいいというわけではない。路面が乾いていたらコーナー手前でブレーキをかけて十分に減速し、コーナーの頂点を過ぎた瞬間にブレーキを開放してやると自転車は勢い良くコーナーを脱出していく。このとき、自転車とからだを同じくらい傾け、目線は常にコーナーの出口を注視する。人間は見た方向へ進んでしまうので目線は非常に重要である。

路面が濡れているときは車体をあまり倒すと転倒するので、からだを少しだけ起こし、車体だけわずかに傾けるようにするとスムーズにコーナーをクリアできる。このときのブレーキングは一本調子ではなくメリハリを付けることが大切だ。

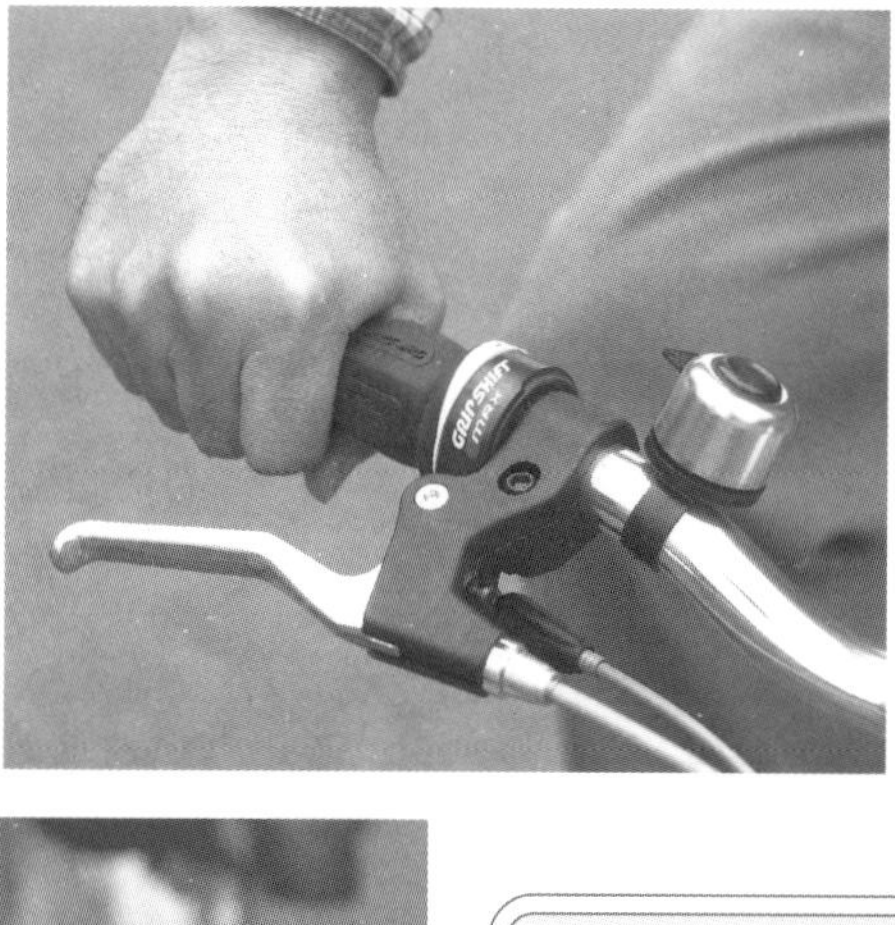

走行中にブレーキハンドルに手をかけていないのは危険である。横着しないで、かならずブレーキハンドルに手をかけるようにしたい。

ブレーキハンドルには常に若干の遊びがある。その遊びを利用して、徐々にブレーキを強めていくのがコツだ。

ワンポイント

ブレーキの力の入れ具合は？

右ハンドルのブレーキと左ハンドルのブレーキを同じくかければ、前輪がギュッと地面を噛んで急に止まるが後輪は浮くような感じになる。それを防ぐためには、右と左のブレーキの力の入れ具合は、3：7か4：6にしておきたい。決して5：5ではない。

上り坂攻略の5つのコツ！

自転車の一番のネックは、上り坂を上がっていくとき。平坦な道を行くときよりずっと多くのエネルギーが必要なので大変だ。それでも、5つのコツを使えば、効率的に坂道を上ることができる。

コツ1

体重が後ろに残ったまま脚の力だけでこごうとする人がよくいるが、それではうまく上れない。

特に脚に力が入りすぎることで、手や腕がおろそかになってしまい、かえって自転車がふらついてしまう。脚の力に頼りすぎてはいけないのである。

コツ2

自転車を横に揺らしながら勢いをつけて上ろうとするのが一番体力を消耗する。

特に長距離を走るときは、上り坂で無駄な足を使うのが一番よくない。その無駄の一番が大きな横揺れをしながら上っていくことなのだ。

正しくは、足を右、左、右、左とリズミカルに踏み込んで行くことだ。これは、はねているように見えるので「ダンシング」という。車体がブレないようにするためにも、足を上下にリズミカルにこいでいくのはいいことだ。

コツ3

もっと理想をいえば、ペダルを踏み込んで自然な円軌道を描けることである。

これは、下がっているペダルを上に上げるときの引き足を使えること。この引き足を使えるということは、両足に常に力が入っていることを意味している。

それを実現するためにも、足を固定するビンディング式のペダルを使いたい。

引き足を使えればまんべんなく力がペダルに伝わっていき、特に坂道

上り坂の攻略

×

自転車を揺らして上がると、体力をかなり消耗してしまう

○

立ちこぎの場合はリズミカルに「ダンシング」をして上がっていく

を上るときは本当に助かる。

コツ4

ギアを効果的にチェンジすることも坂道攻略のポイントだ。このときは、ギアをチェンジするタイミングをしっかりつかんでおく必要がある。もちろん、坂道を上るときはギアを軽くするのだが、坂道の手前で一気に軽くしてしまうと自転車がもっていたスピードの勢いを無駄に殺すことになるので、あまり早くギアを軽くしないようにする。惰性で上り始めたペダルがやや重いと感じたときが切り替え時だ。失速する前に脚に余裕が出るギアに変えていく。

このとき、急激に軽いギヤにすると空回りしてしまい、体力を消耗するので、少しずつ軽くして行くほうがいいだろう。

そして、坂の中盤にかかって余裕があれば、もう一枚重くしてもいいかな、と思えるぐらいの負荷のギヤを選択し、一定のペースを保つ。坂が終わりそうになったら、余った力でギヤを再び上げて勢いをつけて頂上をクリアする。頂上で失速して下るのと、ギヤを上げて越すのでは下りでのスピードが全く違ってくる。

コツ5

坂を上がるには腕の引く力も必要である。坂道を上りながらハンドルをグッと引き寄せるのである。これは、上体のスプリング効果をイメージしてもらえれば一番分かりやすい。つまり、腕をグッと引くことでからだに勢いがつき、そのパワーがペダルにも伝わるので力強くこぐことができるようになるのだ。足だけでこいでも限界があるが、体重をうまくペダルにかけ、ハンドルを引く力を利用して足を踏ん張れば思わぬ力が出てくるものだ。

ワンポイント

やっぱり自転車は全身運動

坂道を上るときは、特に自転車が効果的な全身運動だということを実感するはず。近所にママチャリで買い物に行く程度であれば足だけでこげるが、上り坂や長い距離を行こうとするときには、上体を含めた全身の力をうまく使っていかなければならない。このようにして、足だけでなく、腕や脇腹の筋肉も鍛えられていくのである。

上り坂でのギアチェンジ

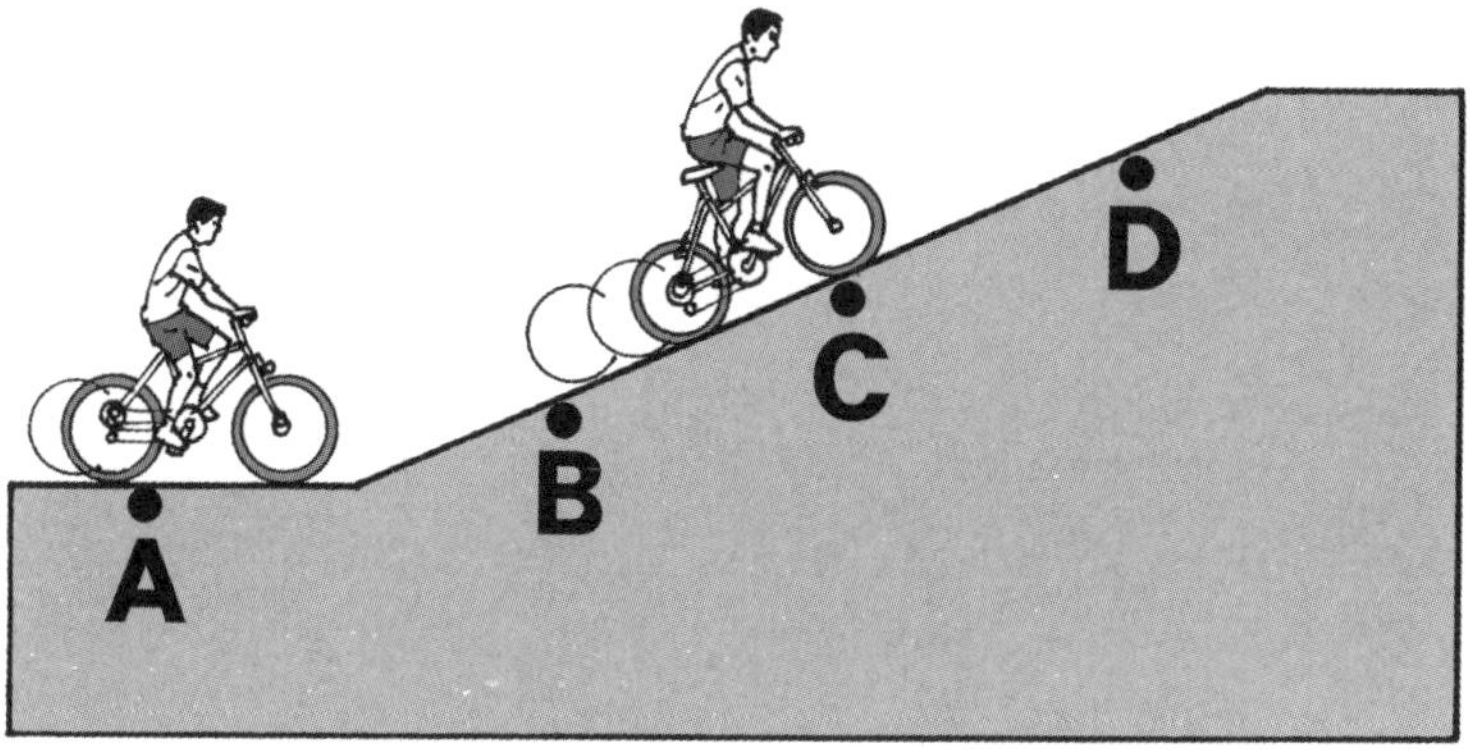

A 坂の手前ではまだギアを軽くしない

B 上り坂となりペダルがやや重いと感じたらギアを落とす

C 坂の中盤にかかって余裕があれば
ギアを1つくらい上げてもいい

D 坂の終わりでは、余った力でギヤを
再び上げて勢いをつける

腕を引く力で勢いをつけてペダルをこいでいく

向かい風攻略の3つのコツ

自転車は風に影響される。特に向かい風のときは車体と人間が抵抗を大きく受けて、いくらペダルをこいでもなかなか前に進まない。上り坂と同じように、向かい風も自転車にとってつらい悪条件なのだ。

それだけに、いかに向かい風に対処するかということが、自転車を快適に乗るための課題になってくる。そこで、向かい風の悪影響を低減させる方法をアドバイスしよう。

まず、ギアを落としてペダルを軽くすることが先決だ。

向かい風の場合は、上り坂と同様にペダルが重くなるのでギアチェンジをして少しでもこぎやすい状況をつくる。

このときは前のギアを軽くする必要はなく、あくまでも後ろのギアだけで調整する。

深く前傾姿勢を取り風の抵抗を少なくする

向かい風の場合は自転車に乗っている人間そのものが大きな抵抗になってしまうので、より深く前傾姿勢をとってからだを低くしたほうがいい。そのほうが風の抵抗が随分とやわらぐ。

そのうえで、サドルの前めに乗って、できるだけ前に体重をかけて、自転車が効率よく進むようにしよう。

このように、向かい風のときはギアを落とし、さらには前傾姿勢を保って体重を前にかけるのが一番良い方法だ。

一方、同じ風でも追い風は大歓迎だ。とにかく、快適なスピード感を味わえる。

上体を起こし気味にして風に後押ししてもらえば自転車の楽しさを本当に満喫できるだろう。

向かい風への対処３原則

① ギアを落とし、ペダルを軽くする
② 通常より深く前傾姿勢をとり、風の抵抗を減らす
③ できるだけ前に体重をかける

コーナリングの基本的なコツは2つ

自転車で転倒する場合が一番多いのは、カーブを曲がるときである。特にスピードを出しすぎたまま曲がろうとして、実際に曲がりきれずにバランスを崩す例が多い。それだけに、適切なコーナリングをマスターするのは安全運転の面でも絶対に欠かせない。

重要なことは、カーブの手前ではかならずスピードを落とすということだ。

特に下り坂のカーブのときは、かなり手前からブレーキをかけて、自分が制御できるレベルまでスピードを落とすことが鉄則である。

そのうえで、カーブの内側に向けて多少体重をかけていく。これによって外側にふくれようとする遠心力に対抗することができる。

コーナーの内側でペダルをこすらない

さらに、曲がる方向に対して外側に当たる足（右に曲がる場合なら左足）は下に下げた状態にすることが望ましい。

つまり、ペダルが一番下がった状態にするのである。必然的に、曲がる方向に対して内側に当たるペダル（右に曲がる場合なら右のペダル）は上に上がった状態になる。このほうが、ペダルが路面をこすることがなくなって非常に好都合である。

特に急カーブになればなるほど、ペダルが地面と当たって転んでしまう可能性があるので注意が必要である。それなのに、実際に街で見ていると、曲がる方向に対して外側のペダルを上げて内側のペダルを下げる例もまだまだ多い。

これは危険な状態を招く。あくまでも、外側のペダルを下げて、内側のペダルを上げなければいけないのである。

コーナリングのときは、外側の足を下げ、内側のペダルを上げるようにする

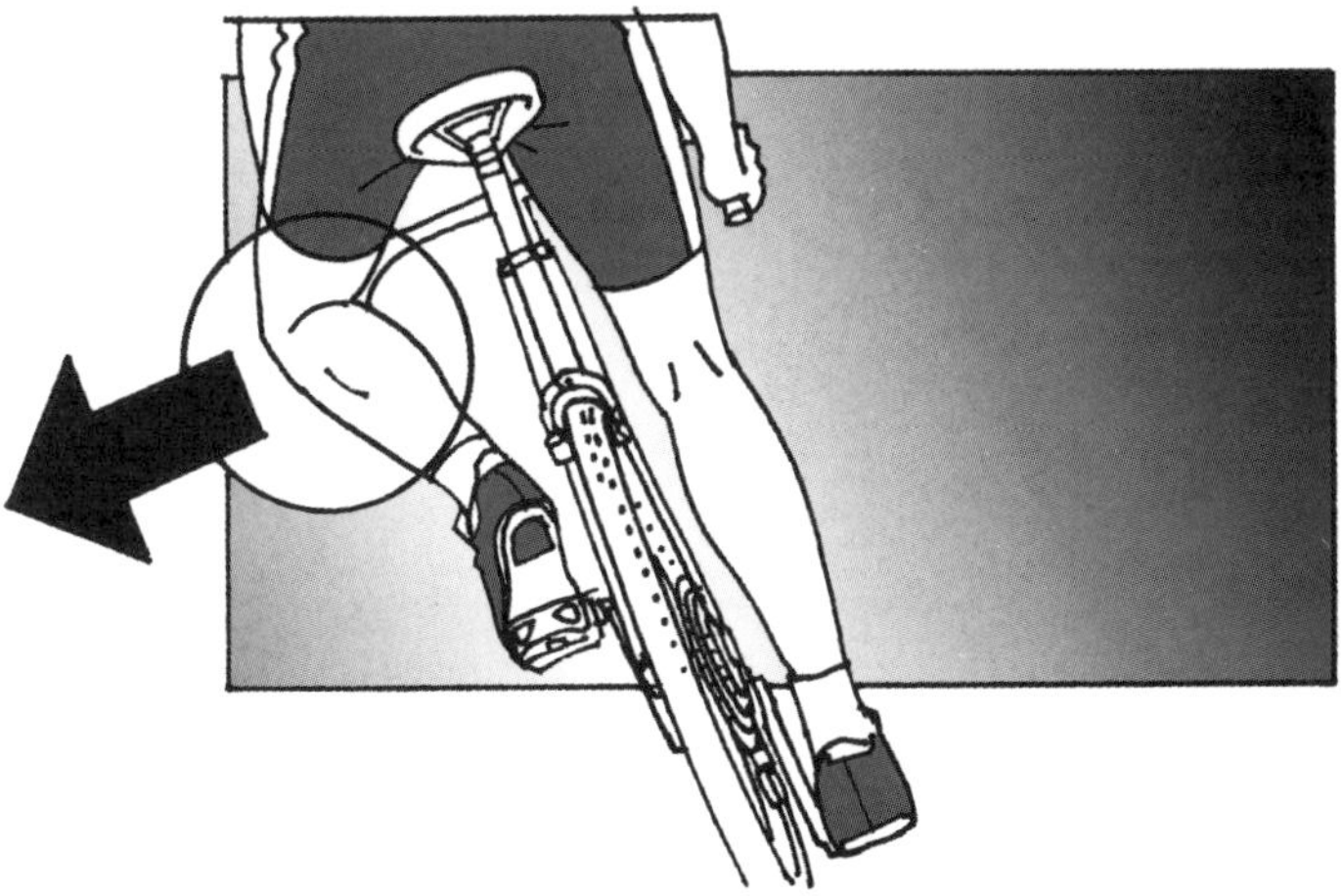

曲がる方向の内側の膝をさらに内側に突き出すようにすると、
スムーズにコーナーを曲がることができる

路面の段差のいなし方は、サドルから腰を浮かすことだった

歩道を走っているときは、どうしても交差点になると歩道の段差を横切っていかなければならない。それが度重なると、かなりからだに衝撃が伝わってきて、腰を痛める原因にもなっている。また、薄いタイヤの場合は、歩道の段差を越えるだけでパンクしてしまう例があるほど。それくらい、歩道の段差から自転車は衝撃を受けているのである。

それでは、どうすれば歩道の段差から受ける衝撃を緩和することができるだろうか。

何よりも一番よくないのは、腕や脚が完全に伸びきるような、からだを突っ張らせた状態で段差を越えることだ。

からだを硬くすればするほど、路面の衝撃は逆にからだをダイレクトに襲うことになる。その場合は特に腰に負担がかかる。普段から腰痛を抱えている人はたまらない気分になるだろう。

腰を浮かせたり肘を伸縮させたり

歩道などの路面の段差をまたぐときは、からだが衝撃を吸収できるように、全体的にフレキシブルな態勢を維持することが欠かせない。具体的にどうすればよいのか。

歩道の段差を下りるときは、やや腰を浮かせ気味にする。どっぷりとサドルに腰掛けたままにしないのだ。それだけで、腰が受ける衝撃はかなり緩和される。

一方、歩道の段差を越えるときは、肘をさらに曲げて柔軟にする。つまり、肘の伸縮をバネのようにうまく利用することで、段差の衝撃を吸収してしまうのである。このように、腰を浮かせたり肘を適度に伸縮させることが段差をまたぐときのポイントである。

歩道の段差を下りるときはサドルに腰掛けたままではなく、
やや腰を浮き気味にする

歩道の段差を上がるときは、より前傾姿勢をとって肘をバネのように伸縮させる

スタートは左側から乗る、が鉄則だった

自転車に乗るとき、安全面を考えて左側から乗るというのが一般的である。

それなのに、「私は左利きだから右側から乗るほうがいい」と言う人がいるが、そんなことは全然関係がない。左右のどちらから乗るかというのはあくまでも習慣的なものであり、慣れてしまえばどちら側であろうと苦もなく乗ることができる。

なぜ左側から乗るのが一般的かというと、基本的に自転車は道路の一番左を走るのが決まりになっているからだ。ということは、後ろから来る自動車はいつも自転車の右側を通過する。そこで左側から乗ったほうが安全ということになる。

スタート時のペダルは斜め45度の位置から

停車するときは道路の左の端に止め、必ず左足で着地する。間違っても右足からは着地しない。右側は自動車が通過するからだ。危険回避のためだ。さらに左側から乗るようにして、スタート時に後ろを確認しながらペダルを踏み出していくことが大切だ。

都会を走る場合は、しばしば信号待ちをしなければならない。そのたびに自転車を停め、再び一からスタートするわけだ。そのために信号の前にはギアを2～3段落として、スタート時の負荷を軽くしておこう。

スタート時にはペダルの位置を、利き足側の斜め45度の位置に設定する。この位置から90度の位置にかけてペダルを踏み出すときに、足の力が最も効率よく自転車に伝わる。それだけスムーズに自転車を始動させることができるだろう。何よりも、スタート時は、ふらつかないようにすることが大切だ。隣を自動車が通過していくのだから――。

スムーズなスタートの方法

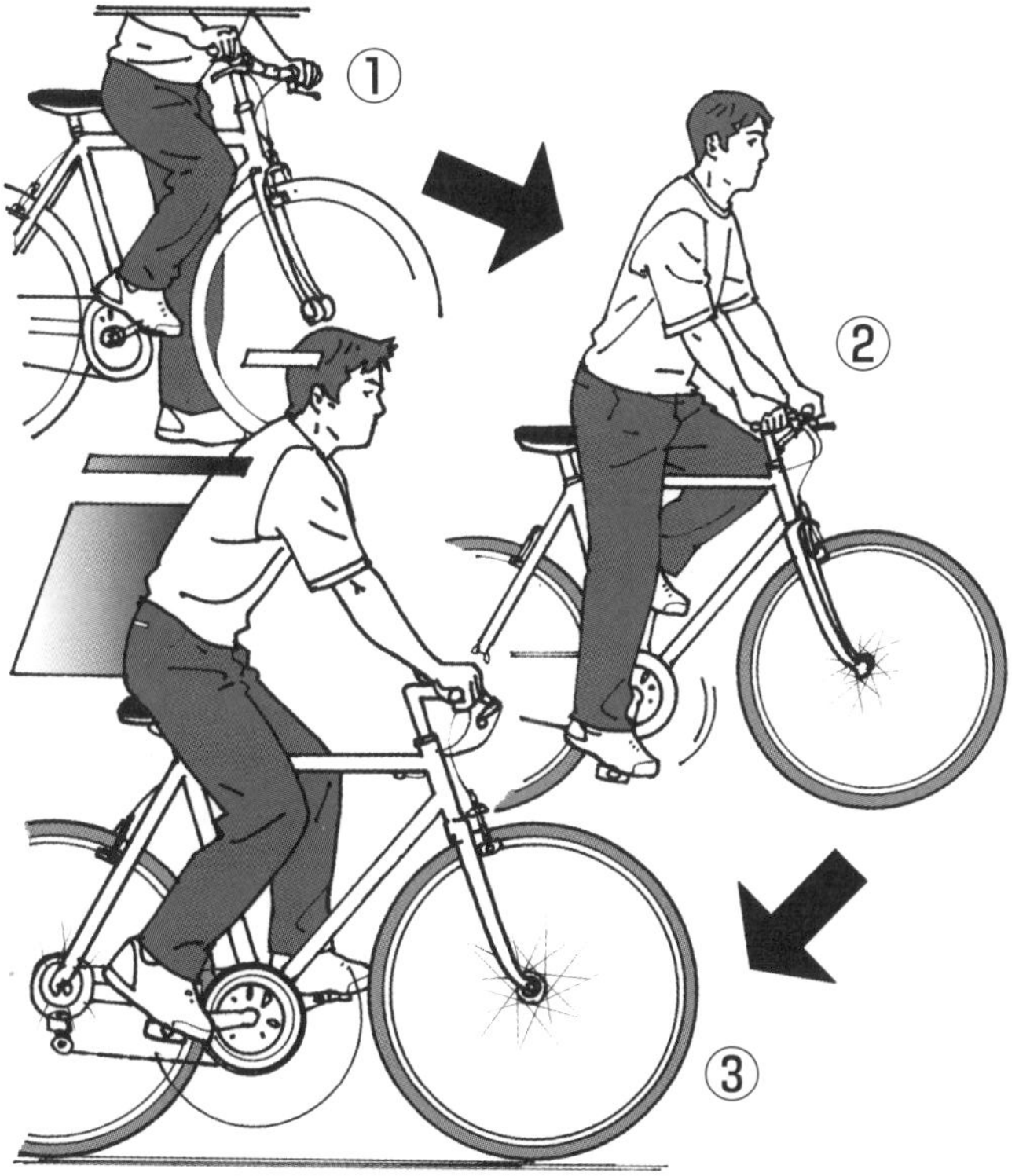

フレームをまたぐようにして停車している場合のスタートの方法を説明しよう

①両手でしっかりハンドルをもち、利き足側のペダルを斜め45度にしておく
②利き足で強くペダルを踏み、その反動を利用してサドルにお尻を乗せていく
③適度な前傾姿勢を保ち、流れに乗りながらペダルをこぐ

ワンポイント

体重をペダルにかけて加速する

自転車が動き始めたら、なるべく体重を両方のペダルにかけるようにしてさらに自転車を加速させる。さらに、このスタート時にそなえてあらかじめギアを落として、楽にペダルをこぎ始めよう。

道には危険がいっぱい

本来自転車は車道を走るものであるが、日本では自転車専用コースが普及しておらず、現状では自転車であれば歩道を走れる場合がほとんど。

とはいえ、歩道を走らなければならないということではなく、安全のために歩道を走ってもいいということなのである。最近、広い歩道の場合は左右で敷石の色を変えて、車道寄りに自転車優先通行用のコースをつくっているところもあるが、それはまだほんのわずか。安全のためにも歩道を歩く通行人をよけながら走らなければならないのが現状だ。

実際、車道を走るにしろ歩道を走るにしろ、自転車の安全走行を妨げるような要素は数多く存在する。それをどのように防いでいけばいいかを考えてみよう。

危険なところはかならず減速！

雨が降ったときに滑りやすくなるのがマンホールの蓋、視覚障害者用の黄色いタイル、交通標識のラインなどだ。避けて走るのが一番だが、どうしてもその上を通るときはできるだけスピードを落として走ろう。

車道に停車した車が突然ドアを開けて横を通過中の自転車をはじきとばすという事故も起こりうる。自転車に乗って停車中の車の横を通るときは、車の中の状況を確認し、まさにドアを開けようとしているところなら自転車を止めるくらいの決断をしたい。それと、小道を横切ろうとするときに、角から突然道路側にはみだしてくる車が多いのも事実だ。そういう危険性がある場所では軽くブレーキをかけて減速して走るように習慣づけたい。いずれにしても、ブレーキレバーには常に指をかけておくことが大切だ。

路側帯の意味

道路の端に引かれた路側帯にもそれぞれに意味がある。それは下図のようになっているのだが、歩行者用路側帯は自転車が通れないので車道側を走らなければならない。このときも安全には十分に注意しよう。

白線1本の路側帯
白線で車道と区別されていて、人間と自転車が通行できる。

白線1本と点線の路側帯
自動車の駐停車が禁止された路側帯で、人間と自転車が通行できる。

白線2本の路側帯
歩行者だけが通行できる路側帯で、自動車と自転車は通行できない。

ストレッチングはからだをほぐすだけじゃなかった

自転車に乗っているときに、かならずやってくるのが信号待ちだ。特に、都会を走るとなると「少し走ってすぐに信号」というケースがほとんど。そのうえ、タイミング悪く赤信号にしょっちゅうぶつかると、イライラもつのってくるはず。でも、どうせ信号待ちが避けられないのなら、その時間をもっと有効活用してみては――。そこで、信号待ちのときに手軽にできるストレッチングを紹介しよう。自転車はどうしても同じ姿勢を長く保つことになるが、筋肉をほぐす意味でもストレッチングが大いに役立つ。単にほぐすだけでなく、リフレッシュさせてくれるからうれしい。ポイントは、特定部位が「伸びた」と実感すること。

ストレッチング 1
両手を後頭部にかけ、頭を前に下げる。あごをグッと下げて、首の裏側の筋肉がよく伸びるようにする。

ストレッチング 2
片手を頭の横に置き、ゆっくりとその手の側に頭を傾けて静止する。首の外側が十分に伸びていることを意識する。

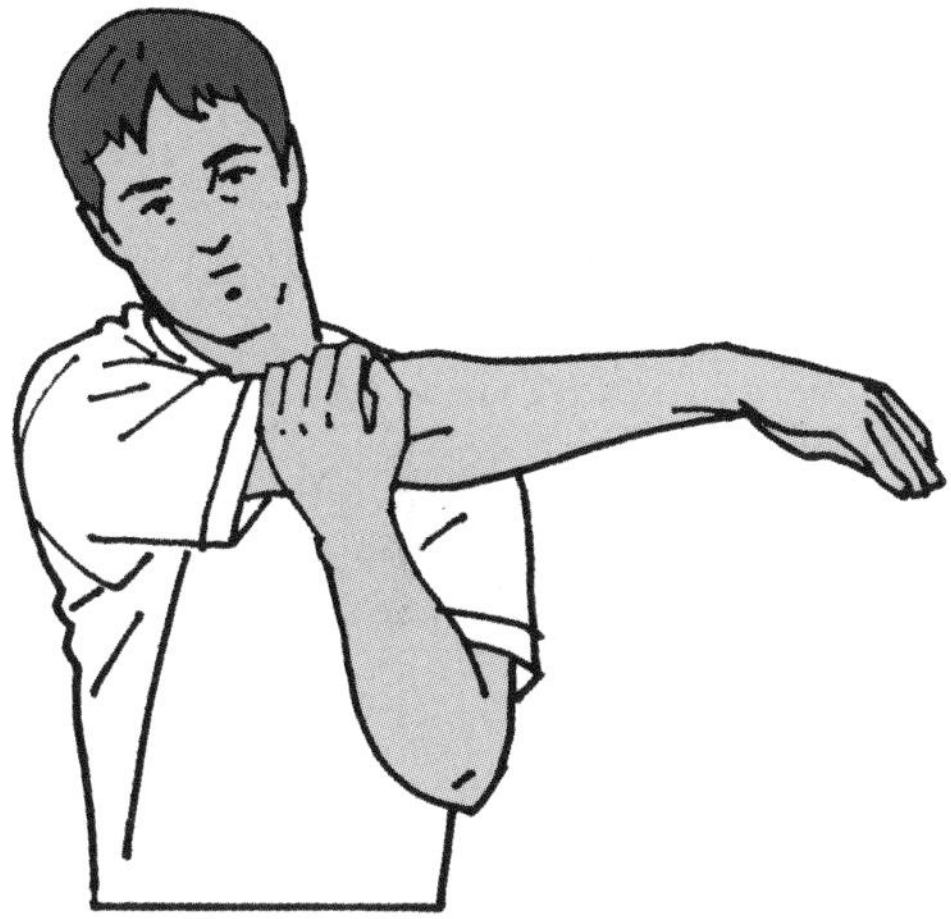

ストレッチング3

左手で右腕の肘をつかみ、その右腕を横に大きく伸ばすようにする。同じ要領で、左腕も伸ばす。

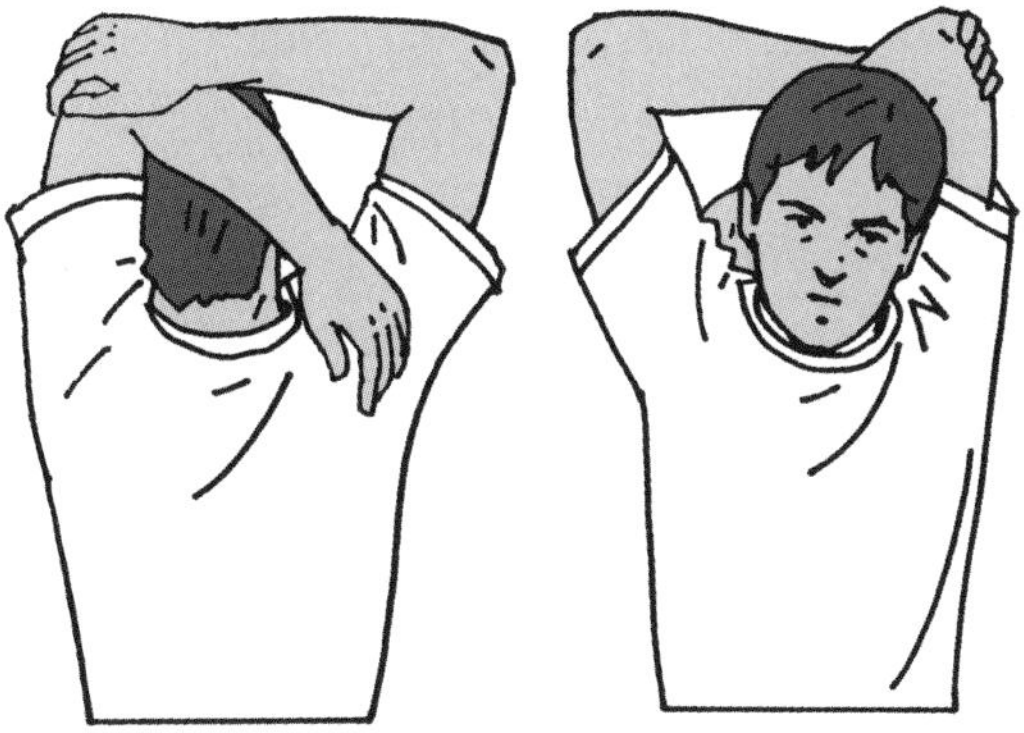

ストレッチング4

肘を曲げたまま左腕を上げ、右手でその左肘を持って斜め下に引き伸ばす。それによって左脇腹と左肩もよく伸びる。同じ要領で反対側も行う。

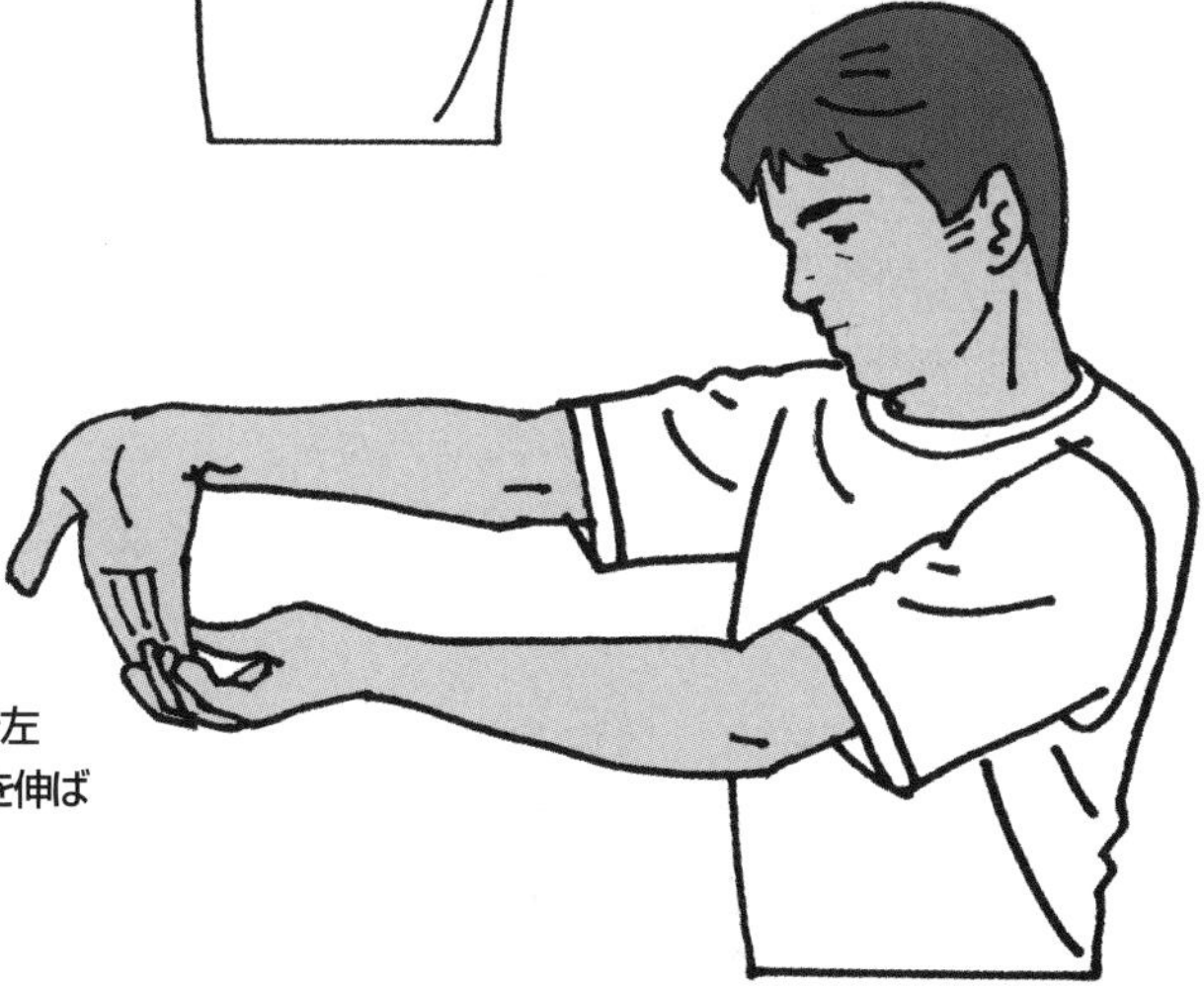

ストレッチング5

右腕を前に伸ばし、その指先を左手で引っかけて右の手のひらを伸ばす。同じ要領で反対側も行う。

次には、長い距離を走るときの休憩時間や、走り終えた後のクールダウンとして活用できるストレッチングを紹介しよう。

特に1日のんびりと乗ったときには、疲れを癒すストレッチングとして効果がある。

使った筋肉は必ずリフレッシュさせて、疲労物質を洗い流しておこう。

ストレッチング7

大腿前部を伸ばすストレッチング。片膝で立ち、右手で右足の爪先を持ち、ゆっくりと腰の方向に引き寄せて静止する。反対側も行う。

ストレッチング6

大腿後部を伸ばすストレッチング。右脚の膝と向こうずねを両手で持ち、上に持ち上げてから太股の後ろを伸ばして静止する。反対側も行う。

ストレッチング 8

頭の後ろで両手を組み、直角に近いほど腰を曲げてから上体を左右それぞれにひねって静止する。

ストレッチング 9

両膝で立ち、上体を反らせてから右足のかかと部に左手を付ける。このとき、右手を高く上げる。反対側でも行う。

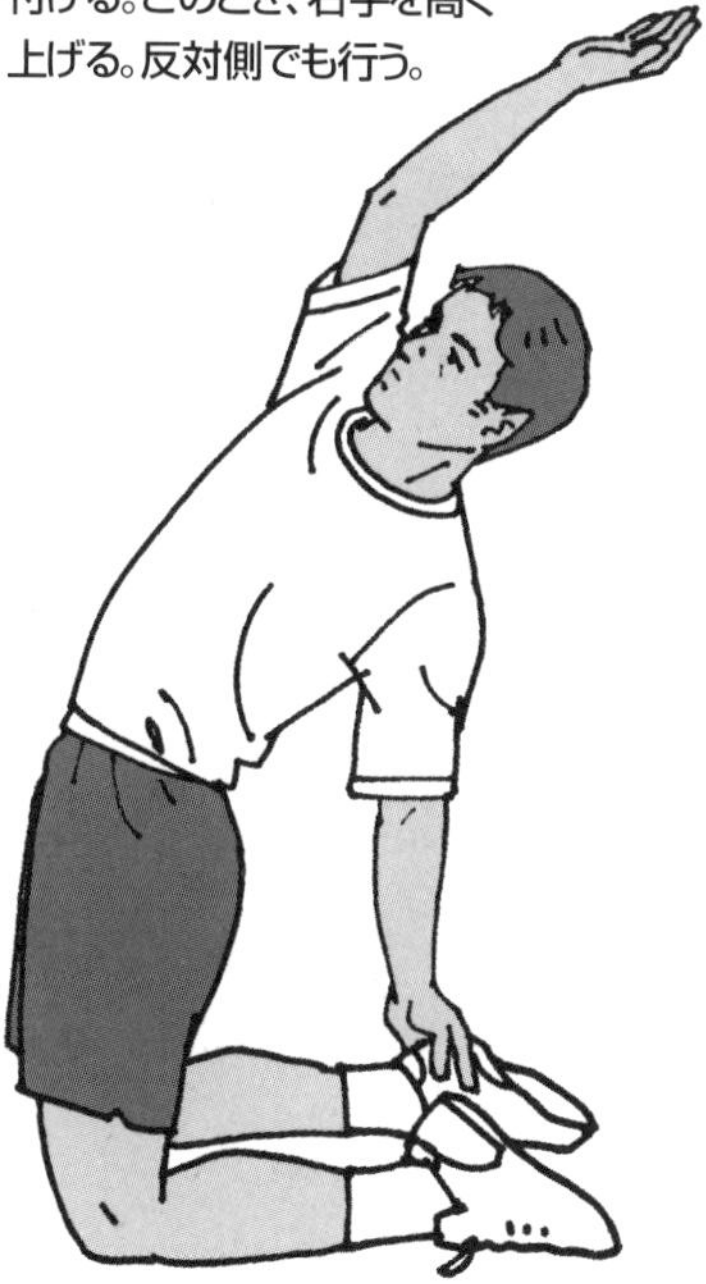

ストレッチング 10

脚を前後に開いて立ったのち、前に出した膝のほうに両手を当てて押す。左右両方で行う。下腿部とアキレス腱がよく伸びる。

Column

雨の日には特にスリップに注意しよう

雨の日に一番いいのは、自転車に乗らないということだ。雨の日は視界が悪く、路面も濡れてスリップしやすい。傘を持ちながら自転車に乗っている人がいるが、そのスタイルは非常に危険である。しかも、自転車がふらつく一番の原因になる。無理をせず、雨の日には自転車に乗らないように心がけたい。でも、仕事や通勤・通学の関係でどうしても自転車に乗らなければならないときもあるだろう。そのときはどうしたらいいのか。

まず、通常の2倍くらいの時間をかけてゆっくりした速さで走らせたい。雨の日には歩道の傾斜を通るときやブレーキをかけたときにスリップしやすいので、自転車の速度をかなり落とすことが必要である。

さらに、傘を持って一方の手をふさいでしまうのではなく、簡易用の雨ガッパを着用する。これが大原則である。万が一、傘を持ってしまうと、片手でブレーキを操ることになる。雨の日はただでもブレーキの効きが悪くなるのに、そのうえ片手だけで操作しようとすると無理を重ねることになる。それだけは絶対にやめるべきだ。

そして、ギアは通常より軽くする。何よりも、ペダルが軽いほうがフラつきを防ぐことができるだろう。雨の日はスピードを上げる必要がないので、軽いギアでペダルをこぐのが一番である。

あとは、路面上でも特に雨で滑りやすくなっている部分に気をつける。マンホールの蓋や表示ペイントなどはなるべく避けるようにする。どうしても通るときは細心の注意を払おう。

第4章

「ちょっと遠出」——自分の元気がたのもしかった

One Day Ride

ワンデイ・ライド

ワンデイ・ライドはこんなにも楽しいものだった

これまで快適に自転車に乗るためのスタイルを考えてきた。今度は、それを実行に移すときだ。それなら、1日のんびりと自転車でツアーをするワンデイ・ライドがいい。休日のゆったりした時間の中で、軽快に自転車を走らせるのも本当に気持ちがいいものだ。そこには、都会で窮屈な思いをしながら走っているときとはまるで違う快適なスポーツライフの世界が生まれる。

自分の身の丈が分かってくる

何よりも、ワンデイ・ライドをすれば、自分の身の丈が見えてくる。それが最高にいい。たとえば、自分の体力を知る。1日に往復で60㎞走ろうとしたが、片道20㎞で疲れて帰ったとしたら、自分が思っていたほど体力があるわけではなかった。その現実を知ることで、自分に何が足りないかが分かってくる。しかし、自転車は続けていれば確実に脚力や乗車技術は向上するのでここで諦めるのはもったいない。あるいは、性格的な面でも予想外の自分に出会えることがある。走っている先に長い坂がある。上るか、上らないか。あるいは、それをどのようにこなしていくか。そういう判断を迫られる中で、自分自身が見えてくる。

少年時代から自転車に目覚めたアーティストのクボタタケオさんは、50代になった今に至るまで自転車ツアーの楽しさをとことん満喫してきた達人である。数えきれないほどのワンデイ・ライドを経験してきたクボタさんは、今も仲間と一緒に、自宅のある東京・蒲田から多摩川沿いを北上して調布市の深大寺に至るツアーによく出掛ける。深大寺でそばを食べながら仲間と過ごす昼食のひとときは格別だという。

行く場所で魅力的な人と風景に出会う

クボタさんはワンデイ・ライドの魅力をこう語る。

「新しい道を走れば、楽しい発見の連続ですよ。他人にお膳立てしてもらってセッティングされたものをトレースするのが多い日常生活の中で、なぜ自転車が楽しいかというと、走る道の中に新しいことを次々と見つけられるから。寄り道して、その土地の風景や人間に出会うのは本当に楽しいですね。スタートとゴールがあっても、それを最短距離で走るより、道草して迷いながらそこで見えてくるものが興味深いんです。それを楽しいと感じることができれば、間違いなくワンデイ・ライドにハマっていきますね」

とにかく、自分が楽しいと思える感性を大事にすること。それでこそ、ワンデイ・ライドがより充実してくるとクボタさんは言う。その達人のアドバイスを参考にしながら、ワンデイ・ライドを楽しく行うための方法について考えてみよう。

「ワンデイ・ライドの達人」と称されるクボタタケオさん

ワンデイ・ライドに出れば、バイクを心から楽しむ自分自身に出会える

距離や時間にしばられる必要はまったくなかった

果たして、ワンデイ・ライドでどれほどの距離を走ることができるだろうか。上級者になると、1日に200㎞も走ることが可能だが、そんなに欲張った距離設定は勧められない。なぜなら、長いだけの距離はライディングそのものを楽しめないからだ。

距離を目的にすると楽しさが半減する

たとえば、ある自然豊かな場所を目的地にした場合に、ライディング自体を快適に走ることと、目的地でビールを飲んだりおいしいものを食べたりする2つの楽しみがある。あるいは、目的地の風土記をあらかじめ下調べして名所・旧跡を訪ねたり、愛読書を持って緑の中でゆっくりと読んだり、カメラを持って気に入ったアングルで写真を撮ったり、スケッチブックを開いて風景を描いたり……。そういう趣味的な要素が目的地にたっぷり含まれていることがワンデイ・ライドの大きな楽しみなのだ。

それなのに、距離だけを稼ごうとしたら、楽しみを我慢してひたすらペダルをこがなくてはならない。だからこそ、距離は欲張らないほうがいい。初心者であれば50㎞以内に抑える。中級者でもせいぜい100㎞で決して無理をしない。上級者なら100㎞を超えてもOKだが、それでも楽しみをなくしてまで走りすぎないほうがいいだろう。大事なのは、距離を目的にしないこと。それは目安にすぎないのである。

また、あまりに所要時間を気にしすぎると、楽しむというよりはトレーニング的な要素が強くなって、散歩の延長としてのワンデイ・ライドから離れてしまう。確かに、スピードメーター計や距離計を付けて自転車を楽しむ方法もあるが、ワンデイ・ライドから見ればそれはあくまでも二次的なもの。自分の身の丈に合って、しかもこの先にも楽しめそうな予感がある快適な走りを楽しめるセンスを身につけることが重要だ。

距離、時間、スピードに縛られてはいけない。

天気予報で風の強さと向きも調べる

ただし、ビギナーは経験がない分だけ時間が読めないのでスケジュールが遅れがちになる。そういう意味でも、初心者は時間に余裕をもって出掛けたほうがいい。

さらに、地図をよく読めるようにしておいたほうがいい。それも、道路地図を用意しておいたほうがいい。道路地図なら、国道、主要地方道、一般道、路地などに応じて色分けされているので、道路の広さを想定するのに分かりやすい。いくら近道でも交通量が多い国道や主要地方道を避けて、景色のよさそうな小道を選んで走ったほうが断然楽しい。

また、最近は川沿いにサイクリングロードや自転車に適した道があることが多いので、そういう快適な道を選んで走るようにしよう。あとは、風の向きと強さをある程度頭に入れておこう。

ＮＨＫの天気予報では風の強さや向きを予報してくれるので事前に見ておくこと。自転車は風の抵抗を大きく受けるので、向かい風が強いようなら計画を変更する必要も出てくる。

ワンデイ・ライドの距離の目安

初心者	50km 以内
中級者	100km 以内
上級者	100km 以上

※ただし、距離を決めず、体力に応じて目的もなくブラブラするのがむしろおすすめ

遠くへ出掛けるのだから装備のチェックが欠かせなかった

いざ、ワンデイ・ライドに出発しよう——でも、その前に持参する装備をきちんとチェックしておこう。

かならず用意しなければいけないのはパンクの修理セットだ。パンクの直し方と必要な備品については第1章で紹介してあるので参考にしてほしい。今はパッチやゴム糊などが一式揃ったセットがあるのでそれを買っておくといいだろう。タイヤをはずすときに使うタイヤレバーは、2本を1組として使うことになる。

ベテランからアドバイスしてもらう

もちろん、かわりのチューブを用意する。パンクの空気もれをチェックするのに水がないとできないが、そんなときは新品のチューブを持っていってそっくり換えてしまったほうが手っとり早い。また、チューブを交換したあとで、タイヤを曲がった状態ではめていると抵抗が大きくなって危険だし、クイック・レバーがきちんと入っていないとはずれることがある。グループでベテランと一緒に行って教えてもらうことも大切だし、自転車を買った専門ショップで実習してそれらをマスターしてもいい。知らないと、快適なライドができないと肝に銘じておこう。

続いて、携帯ポンプも忘れないこと。これは、インフレーターという言い方もよくする。タイアの空気圧を変

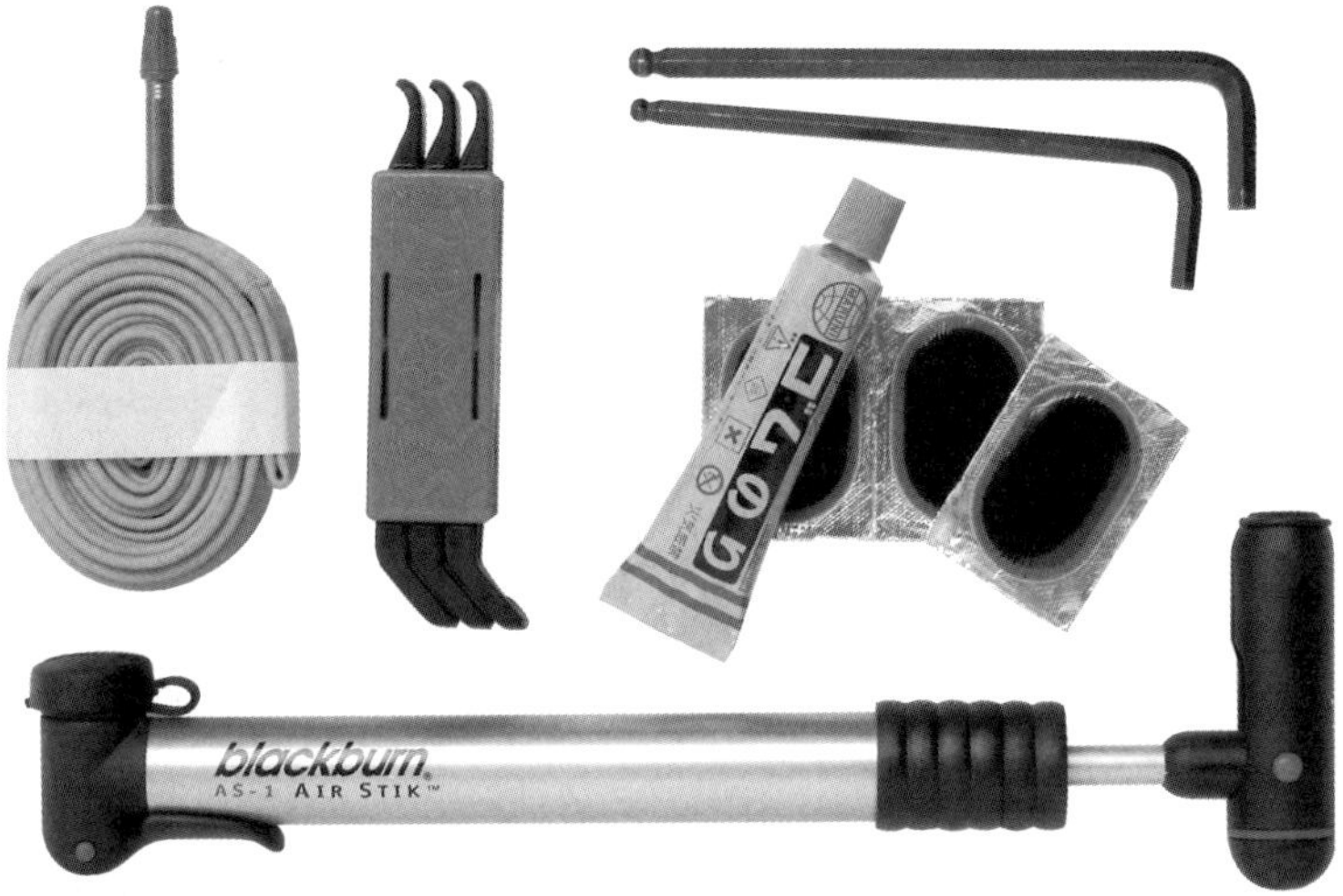

ワンデイ・ライドの必需品。右上からアーレンキー、パンク修理用のゴムのりとパッチ、タイヤレバー、スペアチューブ、携帯ポンプ（インフレーター）

えたり、パンクの修理をしたりするときに使う。フランス式とアメリカ式の両方のバルブに対応するものがいい。

それと、自転車でよく使われている六角ボルトを調整するためのアーレンキーを用意する。サイズを揃えた

水分補給用のペットボトルも絶対に欠かせない

アーレンキーセットとして持っておけば便利だ。

ライトもかならず必要だ。夜になっても街中はライトなしで走れると夕カをくくってはいけない。むしろ、相手に自分の存在を知らせるためのライトが欠かせないのだ。あるいは、郊外や地方で暗いところを走る人は路面を照らすライトが必要になる。特に暗くて道が悪いところは、ライトがなくては怖くて走れないだろう。

喉が渇く前に水分補給を!

装備品を揃えたら、ワンデイ・ライドに出掛ける前に自転車の状態も確認しておこう。自転車各部のネジの締まり具合をチェックし、タイヤの空気圧も調べる。また、タイヤに異物が刺さっていないかどうかもよく見る。チャーブを新しいものと交換したときは、ひと晩は空気にもれがないかを確認する。あとは、チェーン、変速機、ブレーキアーチへの注油。

ただし、いつも走っている自転車であれば特別な整備は必要ない。

なお、出掛けるときはかならずドリンク類を用意する。どこにでも自販機があるとはかぎらないし、自分が気に入っている種類を探すのも大変。あらかじめ多めに用意して持参するにかぎるのだ。

水分補給のポイントは、喉が渇く前に飲むということ。喉が渇くということは、すでに体内の水分がかなり不足していることを表していて、それでは遅いのだ。水分補給は早めに行うべきだ。なお、スポーツドリンクは意外と糖分が多く、持参していてぬるくなると甘さばかりが口の中に残ってさらに喉が渇くことがある。好みにもよるが、ミネラルウォーターのほうが癖がないので喉を潤すのにいいかも。

体力をできるだけ消耗しないことが楽しむ秘訣だった

ワンデイ・ライドでは、走っているときに無駄に体力を消耗しないことが大切だ。なにしろ、街中で走っているときとは走行距離がまるで違う。体力を温存するにしたことがないのだ。

一定のスピードを保てば疲れが少ない

体力を消耗しないで走るためには、まずは一定のスピードを保ち続けることだ。ペースをコロコロ変えていたのでは、ペースを上げるたびに疲れてしまう。目的地に早く着くことが目的ではなく、走っていること自体も目的の一つ。何よりも快適に乗り続けられるペースで走ることが肝心だ。

次に、リラックスすること。乗車ポジションをいろいろ変えてみながら、自分が一番リラックスできる姿勢をさぐる。

それが一番疲れない姿勢であり、心とからだがストレスを受けなければ体力の消耗を最小限に抑えることができるだろう。

あとは、適度な休憩をはさむことだ。河川敷を走っていれば、寝ころんでひと眠りしてもいい。それくらいの余裕はいつも持ちたい。

また、常に水分を少しずつ補給し、お腹がすく前に少しずつ食べておくことも大切だ。

また、からだを冷やすのもよくない。重ね着をしてまめに体温調節をしておこう。

こうした疲れにくい心掛けをきちんと守っていても、体力がやたらに消耗するときがある。それは、坂道をうまく上れないときだ。ワンデイ・ライドをしていて、おそらく一番感じるのは、「日本はなんて坂道が多いんだ」ということだ。

自転車文化が発達しているヨーロッパの平野部と違って、山国の日本はとにかく坂道が多い。ワンデイ・ライドでも、この坂道で体力を一気に消耗してしまう人があまりに多いのだ。

坂道で自転車がふらつくと疲れる

長時間乗っていると、どうしても坂道で自転車がふらついてきてしまう。

これを防ぐためには、両腕でしっかりハンドルを引き、体重を前にかけるようにしたい。両腕が伸びきったり、体重が後ろに下がったり、ガニ股でペダルをこいで自転車がフラフラするのが一番よくない。

とにかく、自転車を懐の方向にもってくるくらいの勢いで、肘を柔らかくしてハンドルを引きつけることが欠かせない。

また、適切なギアチェンジが特に重要だ。坂を上るときは当然ながらペダルが重くなる。しかし、素早くギアを軽くして平地を走っているときと同じ回転数を維持するようにする。

急に軽くしすぎてペダルの回転数が平地よりクルクル回ってしまうのもいけなし、重すぎて平地ほど回らないのも消耗を大きくする。平地でも坂道でもペダルの回転数を一定にするのが疲れないもとで、それがギアチェンジの鉄則だ。この回転数も自分の体力に合ったものが基準になり、それが現時点の身の丈というものだ。

体力の消耗を防ぐ坂道の攻略

×

両腕でしっかりハンドルを引いていないので、自転車がふらついてしまっている

○

肘を柔らかくしてハンドルを引きつけて勢いよく坂道を上る

危険を上手にかわすことが大原則だった

楽しいワンデイ・ライドをいつまでも続けるためには、危険を回避して安全に走るということが不可欠だ。ワンデイ・ライドは長い時間自転車に乗るだけに危険因子に遭遇しそうな機会も多くなるが、この点に関しては細心の注意を払い続けたい。

この場合の危険因子となるものは、自動車、モーターサイクル、自転車、歩行者、路面状態である。

車道での並列走行は絶対に避ける

まず、自動車から。ワンデイ・ライドでは歩道があっても車道を走る場合が多くなるので、自動車に対する注意が一番必要。グループで走るときによく自転車を並列させて車道をはみだしがちになるが、これだけは避けたい。特に、急勾配の坂道などで遅れる人が出てきて隊列がばらつくが、どんな場合でもきちんと一列を守り、車道の端を走ることが大事だ。

モーターサイクルに関しては、同じ二輪とはいっても相手は動力付きで自転車よりずっと速い。無理に競ろうとしないで、相手に道を譲るようにしたい。

逆に、遅い自転車が前にいて邪魔になるときでも、早急な追い越しは避け、確実に安全を確認できた段階で素早く抜きにかかればいい。また、車道から歩道に入ったときは、特に歩行者に注意しよう。歩道にいる歩行者は後ろを確認せずにコースをよく変えたりするので、十分に間隔を取って追い抜くようにしよう。

さらには、路面状態への注意が欠かせない。特に、ワンデイ・ライドでよく利用する河川敷のサイクリングコースは、ところどころで路面に窪みがあるケースが非常に多い。うっかりしてそういう窪みに自転車を乗り入れると、段差の衝撃でタイヤが破損したりパンクを起こしたりする。特に細いタイヤは衝撃に弱く影響を受けやすい。路面の窪みを軽く見ないで確実に回避して走るべきだし、グループで走る場合は前にいる自転車が合図して注意を呼びかけるようにするといい。小さいことでも確認しあうことが大事なのである。

路面には窪みが多いので、避けながら走行する

窪みなどに入り込むと、思わぬパンクの原因になることがあるので要注意

交差点でスムーズにスタートできたからラクだった

ワンデイ・ライドでは長い距離を走るだけに、交差点で停まったあとはいつも以上にスムーズにスタートする必要がある。その場合、ギアチェンジの方法が重要だ。

最初は軽いギアで踏み込んでスタートして、徐々に重くする。それが基本だ。ただし、ギアを重くすればスピードが出るというわけではない。

停車する前にギアを軽くしておく

自転車のスピードというのは、高回転で出すのが基本。同じ脚力があれば、重いギアで同じ回転数でこげれば速く進むが、初心者が重いギアを回せるはずがない。だからこそ、重いギアが速いという感覚を捨てるべきなのだ。それより、ペダルをクルクル回して自転車を走らせるという感覚を身につけること。そして、ギアチェンジは回転数を一定に保つためのものだと理解しよう。でも、スタートで加速するときはペダルが重いので、ギアを軽くしておくのが基本。しかも、外装式のギアは停車中に変更できないので、停まる前にすませておく。

たとえば、交差点がある。負荷の高いギアで走ってスピードに乗っているとき、交差点があって信号が赤に変わったとする。すかさず、停車する前にギアを何段階か落としておく。そうやって踏み出しを軽くしたうえでやや立ちこぎで加速してスタートする。そして、一定のスピードになったら、自分が楽なギア比に戻していく。ギアチェンジはこまめにやるのが疲れないもとなのだ。

ロードバイクでワンデイ・ライドを本格的に楽しんだ

ワンデイ・ライドをとことん楽しむなら、バイクの種類をいろいろと試してみるのもいい。何よりも、今までと違った楽しみ方を発見できるかもしれない。そこで、ぜひロードバイクにもトライしてみたい。一歩進んだスピード感を十分に実感することができるだろう。

長い距離を速く走るためのバイク

今までは「ロードバイクは競技用」というイメージが定着していた。しかし、このイメージは現実を忠実に反映していなかった。

というのは、実際にロードバイクを競技用に使用している人は利用者の1割程度しかいない。ほとんどの人は、ワンデイ・ライドに使うとか、フィットネスに活用するとか、通勤や通学に乗っている。いわば、ロードバイクが手軽になり、特別な人が乗るものではなくなっているのである。

ロードバイクは、速く走るために軽量化されている。タイヤも路面抵抗をできるだけ少なくするために細くできている。何よりも、長い距離をスピーディーに走るために設計された自転車だということだ。その象徴がドロップハンドルである。

ドロップハンドルは、自転車としては究極のハンドル形状だといえる。

そのハンドルのおかげで、風の抵抗を最も小さくできるような前傾姿勢を維持できる。つまり、そのときの乗り方によって一番効率のよい乗車ポジションを取れるというわけだ。このように、力を最も出しやすい乗り方を体感できると自転車の魅力も増すだろう。

「ロードバイクに乗ると前傾姿勢をきつくしないといけない」と単純に思ってしまうと本質を見誤る。実は、「きつい＝悪い」というイメージをもつ人が意外と多いのである。それより、ロードバイクに乗るときは発想の転換が必要だ。

ロードバイクに慣れるのに時間がかかる

普通の自転車に乗っていた人がロードバイクに乗り換えるということは、極端にいえば野球をやっていた人がサッカーを始めるほどの違いがある。ただペダルをこいで走らせる自転車の延長線上で両者を結びつけるのは困難なのである。

実際、ロードバイクに乗ると、サドルが小さいからお尻が痛くなるし、手、肩、足も今までにない痛みを感じるようになる。でも、それは当たり前なのだ。今まで使っていなかった筋肉を使うので、ロードバイクに乗って違和感を感じるのは仕方がない。

それに慣れるまでには3か月や4か月はかかるはずだ。ただし、慣れたときは、近所に買い物に行くのにもロードバイクに乗りたくなるほど。これほど快適な自転車はないと実感できるだろう。手ごたえが違うのだ。

仮に前傾姿勢がつらいからといって、からだが起き気味になると、かえってサドルに体重がかかる。すると、もっとお尻が痛くなってしまう。あるいは、ちょっと乗ってからだが痛いからやめてしまうというのが一番もったいない。前に体重をかけてきちんとペダリングをしていれば、体重がハンドル、サドル、ペダルに分散していって、からだのバランスがよくなる。

ロードバイクの３つのポジション

●ドロップ部
平坦な道でスピードを出すときや下り坂で使用する。また、全力でダッシュする際のダンシングでも、この握り方をする

●レバー部
普通のスピードで走るときや、坂道のダンシング時に使用する持ち方だ

●フラット部
比較的リラックスして上体を軽く支えるときと、坂を上るときに腰をサドルの後方に置いてトルクをかけたいときに使う

季節に応じて乗ったから、困ることもなかった

ワンデイ・ライドにとって、春と秋は最適なシーズンである。自然にふるまうだけで、風を受けて走る快適さを心から満喫することができるだろう。

夏は暑さ対策が必要となる。直射日光の中を走るときは体力の消耗が激しいので、通常より距離も20％ほど短めにする。そして、日陰の休憩を多めにして水分をたっぷりと取っておくことが大事だ。一番怖いのは日射病であり、ヘルメットあるいは帽子の着用は鉄則である。

道路凍結が予想されるときは中止の検討も

一方の冬は、ワンデイ・ライドにとって悪条件になることが多い。

冬はからだが硬いので路面からのショックを強く感じる。腰に負担がかかる割合も他の季節より多いだろう。さらに、冬でさらに気をつけるのは路面の凍結だ。これは、自転車にって最悪のシチュエーションになる。特に下り坂が凍結しているときは、なんといってもスリップが怖い。凍結が予想されるときはワンデイ・ライドを中止しよう。冬には、寒さと風対策も欠かせない。北風に向かって走るときは、気温よりずっと体感温度が低くなる。グローブの着用はもちろんのこと、ウインドブレーカーが欠かせなくなる。

防寒対策が十分であれば、春や秋と比べて距離を短くする必要もないだろう。

最近はスポーツウェアが高度に開発され、保温や防湿に優れた素材のウェアが多く販売されるようになった。予算的に余裕があれば、そういうハイテク・スポーツウェアを着用するのもいいだろう。

雨が降ったときはからだを冷やさない

その他に、ワンデイ・ライドにとってやっかいなのが雨である。当日は十分に天気予報を聞き、天候不順が予想されるときは思い切って計画を中止するほどの決断をもちたい。ワンデイ・ライドだけは傘をさして走るというわけにはいかないのだ。予想に反して急に雨に降られたときは、からだが冷えるので雨宿りをする。このときは、帰宅後の自転車のメンテナンスを忘れずに。乾いた布で自転車についた水分をしっかり拭き取っておこう。さらに、チェーンや必要な部分への注油も行おう。

冬場のオフロードは路面からの衝撃が大きい

今まで知らなかった寄り道の楽しさが心から味わえた

ワンデイ・ライドは、1人で行くかグループで行くかによって、その道のりがかなり違ったものになる。

まだ勝手が分からないビギナーなら、最初は仲間がいたほうが心強い。何よりも、チューブの交換やパンクの修理に慣れないうちは、同行のベテランに指導をあおぐことができるからだ。それができない状態で走っているということは、大変な不安材料を抱えて走ることにつながる。

グループで行くときはリーダーに従う

特に覚えておかなければならないのは、自転車屋さんがないところを走ることが多いということ。それなのに、パンクの修理ができないと、本当に帰ってこられなくなる。そのあたりを熟知していないと、決して遠くへ行くことはできないのだ。

グループで行く場合は、リーダーの指示に従うこと。これが大原則である。逆にいうと、リーダーの役割は重大だ。まず、メンバー全員の脚力を総合的に考えられる資質をもっていなければならない。メンバーの脚力にどのくらいのバラツキがあるか。個々の人間がワンデイ・ライドを楽しんでいるか苦しんでいるか。あるいは、みんなの表情を見たり、ペダリングの状態を見たりして、その人の疲れ具合をチェックする。それができないと、グループの先頭は走れない。リーダーは精神的に疲れるが、それ以上にやりがいのある存在だ。

一方、やっぱり1人がいいという場合は、適当な寄り道をしながら楽しく走れるセンスをもつこと。そして、道をよく知っていることである。あるいは、ベテランからコースのガイドを受けてから行くことだ。そうでないと、結局は幹線道路を走る羽目になる。そばを大型トラックがビュンビュン通っていくと、車の怖さが身にしみて走れなくなってしまうだろう。

日本の道も捨てたもんじゃない

大事なことは、最短距離にこだわらないことだ。早く行こうとするから、手っとり早く幹線道路に目が行ってしまう。しかし、地図をよくチェックすれば他の道も見えてくる。日本は道路事情がいいので幹線道路を通らなくてもほとんどの場所へ行けるのだ。しかも、自転車だから小回りもきくはず。特に、川沿いには自転車向きの道が多いので、そういう平坦な道を組み込むといい。

また、ワンデイ・ライドから帰ったら、実際に辿った道をもう一度地図で確認すること。簡単なメモとしてルートを記録に残しておくと、いずれ再び近辺に行くときに大いに役立つだろう。なんといっても、たった1日自転車ツアーに出ただけで、いろいろな道を体験し、その中に美しい風景や情緒を見つけることができる。ペダルをこぐことだけが目的なら、何も遠くへ出ないでフィットネスクラブでエアロバイクに乗っていればいいのだ。そうではなくて、街や自然の中を自転車で走るからこそ、今までになかった何かを発見できる。

寄り道をすれば、目的地になかなか着けないが、そんなことは気にしないでいい。車と競争することもなく、自分の知らない小道に入っていけば、日本の道も捨てたもんじゃないと気づくはず。そんなとき、今まで知らなかった寄り道の楽しさに心から目覚めることだろう。

あめや

「あの道が忘れられない」

「あの風景に感動した」

「あんなに走ったのに疲れた気がしない」

心からそう思える楽しい出会いがきっとある。

さあ、今日もワンデイ・ライドに出掛けよう。

Column

欧米の自転車文化を受け入れてきた日本

日本の自転車の楽しみ方をみると、まずは自転車が大人気であったヨーロッパの影響を強く受けていた。「プロムナード」や「ベルソー」という言葉に聞き覚えはないだろうか。これはフランス生まれの軽快車のことで、ベルソーは女性向けだった。

戦後のまだ重くて走行機能がよくない自転車が多かった時代に、その軽量性と乗り心地の良さが日本でも大いに受け入れられた。今のシティサイクルのはしりになったもので、まさに自転車の快適性を示してくれたといえる。

その後、日本でもツーリング用の自転車が登場するようになり、それはフランス風にランドナーと呼ばれたりした。これは自転車で旅に出ることを想定したスポーツタイプのもので、ハンドルはドロップ型、ギアも10変速や12変速が付いていた。重量も10㎏から12㎏と軽く、高速で走るときも安定性があった。今でも「ツーリング用といえばランドナー」という印象をもっているファンも多いだろう。

一方、高速走行用に徹したものがロードレーサーだといえる。軽量化するために極力装備を減らし、10㎏未満まで重量を減らしている。それだけスピードが出やすく、スポーツ自転車の中心的役割をになっている。

ロードレーサーとランドナーの間を埋める自転車も登場した。フランスではスポルティフ、ディアゴナールと呼ばれ、イギリスではクラブモデルといわれたものだ。さしずめ今のクロスバイクに当たるようだ。

1970年代末の日本にアメリカのスタイルを持ち込んだのがマウンテンバイクだった。サスペンションと太いタイヤが特徴的で、ファッション性の良さも魅力となって、カジュアルに乗りこなせる自転車というジャンルが日本で定着した。

このように、日本の自転車は、ヨーロッパやアメリカから優れた点を学んで改良が進められてきたのである。

第5章

心拍数で、
もっと元気になる
やり方が分かった

心拍数で、もっと元気になるやり方が分かった

自転車は爽快な気分を呼び起こしてくれる快適マシンであると同時に、体脂肪を減らして血液の循環をよくする健康マシンでもある。もちろん、体力の向上や生活習慣病の予防にも役立つ。

このように、健康の手段として自転車はとても有効なのだが、基本的な知識を知らないためにそれを生かしきれていない人も多い。

ただ漠然と自転車に乗っているだけでは、せっかくの乗車機会も健康増進の効果が薄くなってしまうのである。そこで、自転車をより健康面で活用するためには、心拍数の生かし方やペース配分の設定などについて考えていくことにしよう。

最初に強調しておきたいことは、自分の心拍数を常にチェックできる状態をつくっておくということだ。それほど心拍数というのは、その人の体力や健康状態を把握する目安になるのである。

運動時の自分の心拍数を把握する

まったく同じ運動をした場合、心拍数が高ければ高いほど体力レベルが落ちるということになる。しかも、高い心拍数を続ければすぐに疲れてしまう。なぜなら、疲労物質である乳酸と心拍数には密接な関係があるからだ。心拍数が1分間に150を超えると乳酸は一気に増加して極度の疲労をもたらす。

逆にいうと、ちょっとした運動ですぐに心拍数が150を超えてしまうようでは、すぐに疲れてしまって運動を持続できないだろう。

大事なことは、まずは運動時の自分の心拍数を把握すること。それによって自分の体力レベルを確実に知ることができる。

そのうえで、同じ運動をしても心

拍数が低くなるように体力をアップさせるべきだ。

その体力アップは、もちろん自転車で有効に行うことができる。

それでは、最初に自分の体力レベルをチェックしてみよう。

そこで、高さ30cmの台を使った3分間の昇降運動を実施してみる。それは下記の表のように行う。

この③と④の数値はしっかり記録しておこう。

これがその後の体力アップの目安になる。この③が150を超えたり、3分間の昇降運動もできずにリタイアするようでは、相当に体力が落ちていると思って間違いない。自転車を通してぜひ体力の向上をはかっていくことにしよう。

高さ30cmの台を使った3分間の昇降運動

① まず、安静な状態の心拍数を測っておく

↓

② 高さ30cmの台を上り下りする運動を3分間行う

↓

③ 運動直後の1分間の心拍数を測る

↓

④ 心拍数が平常時に戻る時間を測定する

ワンポイント

手軽に心拍計を活用しよう

心拍数の測定は腕時計式で便利な心拍計が数多く販売されているので、それを利用するのが一番いいだろう。それほど価格の高いものではないし、今後も心拍計を活用することが多いので用意しておいたほうが無難だ。ただし、それが無理であれば、脈を取って10秒間測定し、それを6倍して1分間の心拍数にするという方法もある。

（注）安静な状態の心拍数　睡眠から目覚めた状態のとき、横になったまま測る。

1日おきに30分乗っただけで自転車の効果を実感できた

健康増進や体力アップのために乗る自転車では、心拍数の目安をいつも120に置いておこう。この120という数字には根拠がある。

心拍数が150を超える運動は激しすぎて心臓に負担がかかる。そんなハードな運動は3分続けるのも難しいだろう。しかし、自転車は時間をかけて楽しむものであり、すぐに終えてしまうような性質の運動ではない。30分以上続けるためには、心拍数も高くすることができない。心拍数が120になるくらいが余裕をもって続けることができる。

さらに、心拍数120くらいが有酸素運動として最も体脂肪を燃やすレベルなのである。ダイエットにも効果があるし、酸素を多く取り込むことで血液の循環もよくなる。長く運動を続けられて健康にいいという意味では、「心拍数120」が大きな目安になることだろう。

自分の体力に応じてプログラムを選ぶ

それでは体力アップをスタートさせよう。およそ心拍数120を維持しながら、体力レベルに応じて次のような運動の中から一つだけ選択して行おう。

①1日おきに1か月間30分ずつ自転車を走らせる。

②1日おきに1か月間1時間ずつ自転車を走らせる。

③毎日1か月間30分ずつ自転車を走らせる。

④毎日1か月間1時間ずつ自転車を走らせる。

自分の体力に応じて適切なものを選べばいいわけで、決して無理をしてはいけない。無理は絶対に長続きしないものであり、途中でやめてしまうのが一番よくないのだ。

もちろん自転車の乗り方も各人のスタイルでOKで、通勤時に行ったり買い物時に行ったり、あるいは景色のよいコースをサイクリングしたり――。どんな目的であってもいいが、かならず定期的に自転車に乗るようにしたい。

そして、１か月後に3分間の昇降運動を（１３１頁）行ってみて、運動直後の心拍数と、どれくらいで心拍数が平常時に戻るかを調べてみる。心拍数が低くなったり時間が短縮されていたら、運動レベルが確実に向上していることの証明だ。

特に②から④の運動量を行えば、自分でもビックリするくらい数値が変わってくるかもしれない。そのとき、自転車の効果を心から実感することができるだろう。

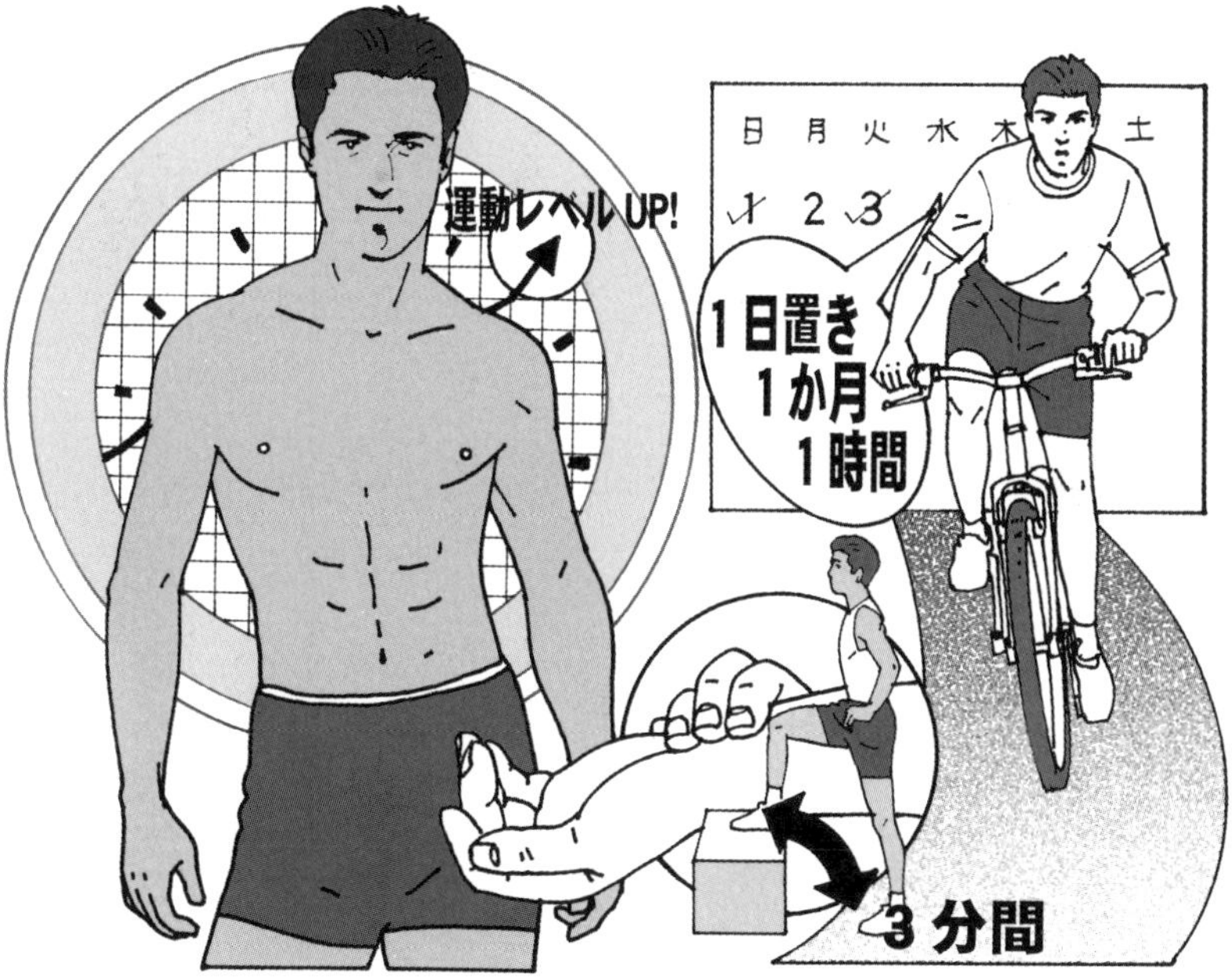

1日おきに1か月1時間ずつ自転車に乗れば、運動レベルをかなりアップさせることができる

心拍数のおかげで、ペース配分を考えて走ることにも慣れた

初心者の段階ではペース配分が狂いがちになるが、意識してしっかり自分のペース配分をわきまえると自転車の乗り方がガラリと変わる。それでは、どんなふうにペース配分を守っていけばいいのか。

たとえば、時速15㎞で30分間走り続けてみるとする。

この時速15㎞というのはちょうど20歳の男子が7分の力でペダルをこぐくらいの速さであり、心拍数120前後の運動となるはずで、それほどからだが苦しくはならない。ある程度、楽な気持ちで続けることができるだろう。

ただし、ここで坂道になったとする。自転車にとって一番苦しいのは、坂道を上るときである。それなのに、乗り手は時速15㎞を維持しようとして無理に力を出そうとする。

ペース配分の目安は走るときの心拍数！

もしそうなれば、かなりハードな運動となって疲れてしまうし、心臓にも相当な負担がかかる。

そうではなく、坂道では何も15㎞を維持する必要はないのである。速さを落としてもまったくかまわない。ポイントになるのは心拍数である。心拍数が120のままにしておけば、自然とスピードが落ちてくるが、運動の負荷自体は変わらない。このように、ギアを一番軽くして心拍数120のレベルで坂道を上って行くことにすればいい。このとき、おそらく時速8㎞前後に落ちるが、それでもOKである。そして、再び平坦な道に出れば、また時速15㎞に戻せばいいだけの話だ。

このように、ペース配分は心拍数を目安にしていくほうが望ましい。

心拍数を一定にして ペース配分を工夫する

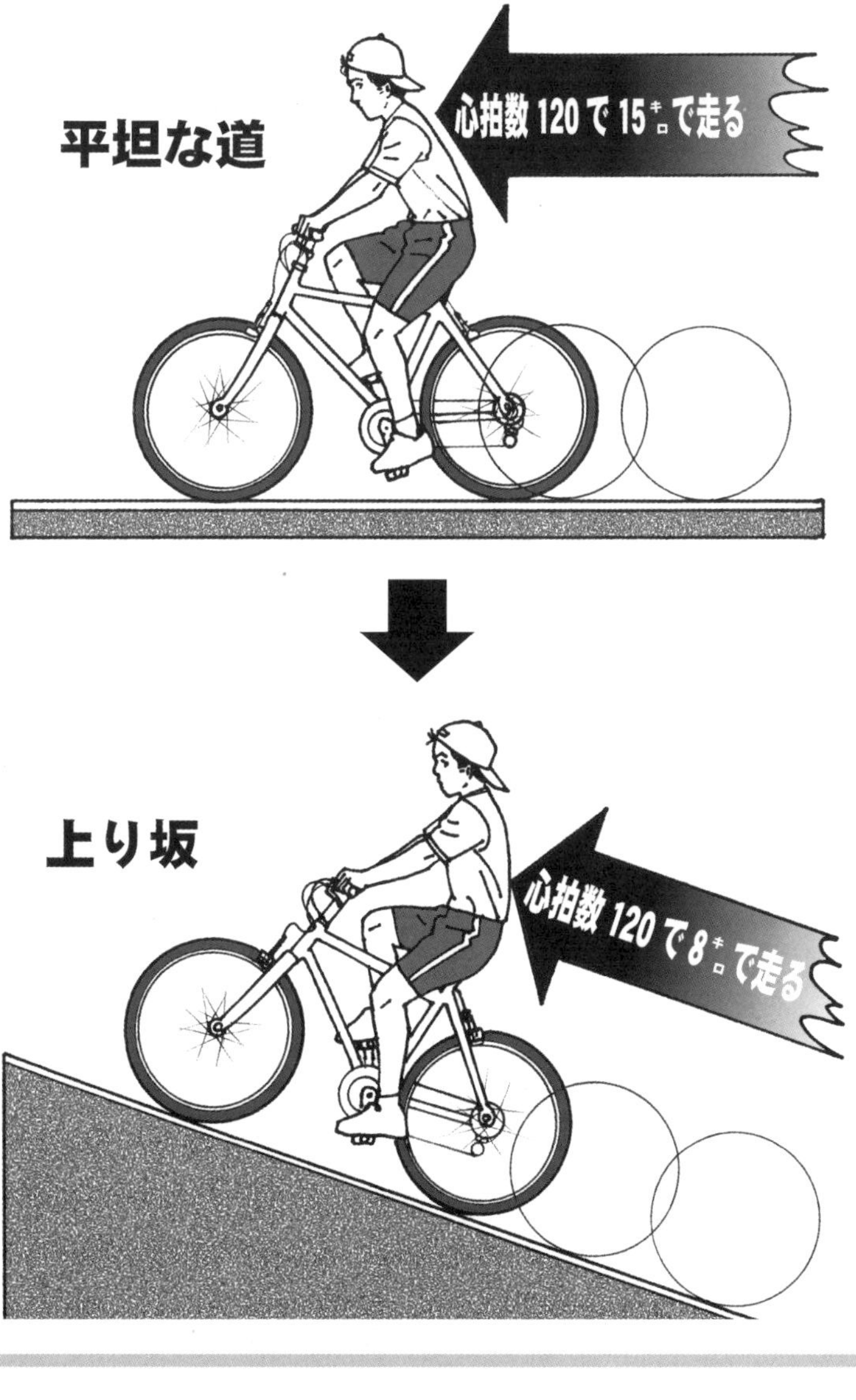

体力レベルに応じて心拍数120から調整することも必要だった

これから運動目的別の練習計画をつくっていくことになるが、ここで心拍数についての考え方をもう一度整理しておこう。

本書では、心拍数120を自転車乗車時の適切な心拍数と考え、それを維持して乗ることを勧めてきた。

ただし、練習計画に移っていく段階では、体力に個人差があることを十分に考慮しなくてはならない。

現実的に心拍数120が楽すぎて仕方がないと考える人もいるし、きつくて続けられないと考える人もいるだろう。

最初に計画があって人間がそれに合わせるのではなく、各人の体力レベルに応じた計画を作成する必要があるわけで、本末転倒してはいけない。そこで、心拍数120から調整する方法も説明しておこう。

からだが慣れるまで心拍数を適度に調整する

普通に体力がある人が運動強度を上げてさらにスタミナアップをはかるのであれば、心拍数が（200マイナス年齢）のレベルまでスピードを上げてもかまわない。

しかし、この運動強度はかなりきついので長く続けることはできないだろう。そんなときは、いったん120程度に落として体力の回復を待てばいい。

そして、十分にリカバリーされたら、再び運動強度を上げていく。これを繰り返せば、陸上競技でのインターバルに相当する練習ができ、心肺機能をかなり鍛えることができるだろう。

その反対に、心拍数120でも苦しく感じるようなら、自転車に慣れるまで1分間の心拍数を安静時の1・5倍程度まで下げて行おう。これなら決して無理がない。

それでは、安静時の1・5倍の心拍数をどのように算出すればよいのか。一番いいのは、睡眠から目覚めた状態のとき。これを目安にするといい。

仮に1分間の心拍数が70なら、その1・5倍は105になる。このレベルの心拍数で自転車をこぎ続け、からだが慣れてきたら120まで心拍数を上げればいい。

なお、健康を目的に運動を行う前には、事前に専門的なメディカル・チェックを受けることが大切だ。特に生活習慣病にかかった経験がある人は、無理をせず健康面に十分に配慮しよう。

体力レベルに応じて心拍数を調整する

体力がある人の場合

運動強度を上げたいときは心拍数を（200マイナス年齢まで上げる）

↓

疲労度に応じていったん心拍数を120まで落とし体力の回復を待つ

↓

リカバリーされたら再び運動強度を上げる。
これを繰り返していく

体力がない人の場合

一応の目安として、心拍数120になる程度の運動強度を維持する

↓

心拍数120が苦しければ、安静時の1・5倍程度まで下げる

↓

自転車に慣れてきて、からだがラクになったら心拍数120に上げる

（注）本書では、運動強度を上げる心拍数の目安を（200マイナス年齢）と設定した。もうこれ以上激しく動けない、という最大心拍数は（220マイナス年齢）である。

心拍数120で、1週間で合わせて1時間以上ライドすればよかった

このプログラムは、日頃からあまり運動をせず、基礎体力が低い人に向いている。

とにかく、慢性的な運動不足に陥っている人にとって自転車はベストに近い効果をもっている。まずは、体力レベルに応じて無理なくできるという点だ。

テニスや野球のように誰かに合わせて動く必要がなく、最後まで自分のやり方を通すことができる。実は、これが運動が長続きする一番の秘訣なのである。

次に、ペダルのこぎ方一つで簡単に運動強度を調整することができる。ペダルの回転数を増やせば、心拍数は間違いなく上がる。自転車の場合は、重いペダルをこぐより高回転で走ったほうが心拍数がアップするのである。

いくら短くても10分以上は乗る

逆に、軽いギアをゆっくり回せば、心臓に負担をかけずに運動を続けることができる。普段から運動に慣れていない人には、この点が特にありがたい。

一応は、心拍数120を目安にして走ってみよう。

それでも風景を楽しむ余裕があるくらいが望ましい。もし苦しいようだったら無理をせず、自分が楽に続けられると思えるレベルまで心拍数を落としていけばいい。

走行時間は短くても10分以上は行うこと。それ以下では運動量として足りなすぎて運動不足解消にならない。できれば30分くらいは続けてほ

しいところだ。

走行回数は走行時間との兼ね合いで決まる。仮に1回10分しか走らなければ毎日か1日おきに行いたいし、1回で30分走れば1週間に2回でもかまわない。

トータルで1週間に1時間以上は走るようにしよう。このプログラムは、運動量としては最小限のレベルだけに、可能であれば週末を利用して30分でも1時間でも加えるようにする。

なお、運動不足解消を目的に自転車を始めても長続きしなければ、あとは何をやっても続かないと思ったほうがいい。

それほど自転車は条件に恵まれているわけで、まさに最後の砦なのである。

運動不足解消のための1週間の練習計画

心拍数
1分間に120（調整も可能）

走行時間
1回に10〜30分

走行回数
1週間に2〜4回

追加練習
可能であれば、さらに週末に1回30分程度走る

ダイエットのためのプログラム

心拍数120で、20分以上週4のライドでよかった

このプログラムは、肥満体質で通常の食事量を維持しながら減量したい人に向いている。それだけに、「心拍数120」というレベルを可能なかぎり守るようにしたい。なぜなら、それが体脂肪が一番燃焼する運動量だからである。

たとえば、心拍数が150を超えるようなハードな運動をすればそれだけ減量に結びつくと考える人がいるが、それは錯覚にすぎない。

その場合はエネルギー源として脂肪よりグリコーゲンのほうが多く使われる。しかも、乳酸が増えて疲労困憊し、運動そのものも長く続けられない。二重に効果がないのである。

空腹時のほうが体脂肪が燃える

それより、酸素を体内に取り込みながら行える「心拍数120」程度の運動は、最も効率よく体脂肪を燃やしてくれる。しかも、通常時より空腹時のほうが、より多くの体脂肪を減らすことができる。つまり、食事の前に走ったほうが、さらなる効果が見込めるというわけだ。

また、走行時間に関しては、かならず1回20分以上というのを原則にしよう。ダイエットを目的に行う運動は細切れでは駄目で、20分以上継続しないと効果が薄いからである。つまり、ダイエットを目的に自転車に乗れば、1回当たり「心拍数120」のペースで20分以上走ることが必要である。これを1日おきに行うくらいであれば、確実に体脂肪は減っていくだろう。

そのうえで、週末を利用して1時間から2時間くらい長く走る機会もつくってほしい。たとえば、朝起きてから朝食までに走れば、空腹時なので多くの体脂肪を減らせるし、朝食

後の日程をつぶさないで効率的だ。

ところで、自転車を利用したダイエットは、すぐに結果が体重減となって表れるほど即効性の強いものではない。自転車はランニングに比べて運動的に楽であるために、消費するエネルギーも少ない。その分だけ時間を費やさなければならないのである。しかし、「楽である」ということが大きな持ち味になっている。つまり、続けやすいということなのだ。即効性のあるダイエットの場合はその反動としてのリバウンドが怖い。しかし、自転車の場合はずっと続けることがたやすいので、一度体重減を実現すると、それを維持することが容易。リバウンドを遠ざけるという意味でも自転車はダイエットに向いている。

ダイエットのための１週間の練習計画

心拍数
1分間に120

走行時間
1回に20〜40分

走行回数
1週間に3〜4回

追加練習
可能であれば、週末に1回1〜2時間程度走る

心拍数120は基本。週1の3時間ロング・ライドも入れる

このプログラムは、体力レベルは普通だが、さらにスタミナをつけたい人に向いている。この場合のスタミナとは心肺機能が高まり血液の循環がよくなることを言い、具体的には同じ運動量でも以前より心拍数を下げることにつながる。

そうすれば、階段を上ったからといってすぐに息が切れることもなくなるし、ちょっと歩いただけですぐに休みたくなるといった疲労感も消えるはずだ。

練習時の心拍数は120を基本とするが、余裕があればそれ以上に上げて大丈夫で、最大で（200マイナス年齢）まで可能である。ただし、心拍数が150を超えると無酸素運動になるので長時間行うことは無理である。そのときは、一度有酸素運動のレベル（心拍数が120から140程度）に落とし、余裕ができた段階で再び運動強度を上げていけばいい。

3時間以上自転車に乗る習慣をつける

もう一つ必要なのは、週に一度程度は3時間から4時間ほどかけたロング・ライドを取り入れることだ。このときのペースは、基本的な心拍数120を守る。なぜ長い走りが必要かというと、あまりに細切れの走りばかりしていると、からだがそれに順応してしまって、長時間からだを動かすことに慣れていかないからだ。そんな状態ではスタミナアップも望めないだろう。

3時間以上かけてからだを動かす習慣をつけることによって、長時間の活動に耐えられる肉体をつくる。ジョギングや水泳ではきついが、自転車の利点は長時間でも続けて乗る

ことができること。その自転車のメリットを十分に生かしてほしい。

さらなるスタミナアップを目指すのであれば、坂道が多い道を走るのもトレーニング効果があっていい。陸上競技でもペース配分に強弱をつけて心肺機能を高める練習方法があるが、それを自転車にも応用するのである。

この場合、坂道を上るのは運動負荷のアップを意味し、脚力向上にも役立つ。二重の効果があるといえるだろう。

ただし、重いペダルで無理して上るということは絶対にしないこと。あくまでも適正なギアチェンジでペダルをこぐことが大事。

それでも十分にスタミナアップの効果がある。

スタミナアップのための1週間の練習計画

心拍数

1分間に120。ただし、運動強度を上げたければ、心拍数を（200マイナス年齢）まで上げてもOK

走行時間

1回に20〜40分

走行回数

1週間に3〜4回

追加練習

可能であれば、週末に1回3〜4時間程度走る

自転車に出会って本当に幸せだった

日本には8000万台以上の自転車がある。単純に計算すると、1・5人に1台の割合になる。

これほど多くの自転車が日本にあって人々の生活に役立っている。日本では自動車ばかりが目立っているが、自転車はある意味では自動車以上に身近な乗り物なのである。

しかし、生活に密着しているがゆえに、かえって自転車は決まりきった使われ方しかされていないかもしれない。買い物、通勤、通学にひんぱんに利用されていても、それ以上の快適性を自転車から引き出そうとする人がどれほどいるだろうか。日常生活の中で、自転車は持っている魅力の一部しか引き出されていないと言ったら言い過ぎだろうか。

見知らぬ世界が見えてくる

本来、自転車は人間を気持ちよく快適に運ぶ乗り物である。自分の動力だけで素早く楽に前に進むということは感動的ですらある。しかも、自転車は感性の豊かさに結びつく要素をふんだんに持っている。快適さを演出してくれる。

たとえば、自転車に乗れば見えてくる風景が違ってくる。徒歩で行くより行動範囲が何倍も広がるし、今まで気づかなかったことがよく見えるようになる。

わずか1時間自転車を走らせるだけでも、そこには見知らぬ世界が開けてくるのだ。そのとき、自分が何を考え何を楽しもうとするのか。それが大きなポイントである。つまり、本文で何度も触れたように、自転車は自分の「身の丈」を教えてくれるのである。自分だけの快適さを手ごたえをもって伝えてくれる。

そうやって自分の身の丈が見えてきたら、今度はその可能性を自転車によって広げてみよう。今までのやり方にこだわっている必要はないのだ。誰もが自分のスタイルでもっと自転車を楽しむことができる。第4章で紹介したワンデイ・ライドも、そうした自転車の楽しみ方の一部にすぎない。よりテクニカルな面に詳しくなって自転車に乗れば、おのずから楽しみ方も大いに変化していくだろう。

自転車で新しい自分を見つける

大事なのは、自分が自転車でどのくらいのことができるのかを追求していくことだ。積極的にトライすることで、新たな感動も得られる。吹いてくる風も違ってくるかも。今までのようにママチャリだけで終わるのではなく、奥深いものをもっと突きつめてみる。人生にはきっかけが必要。どこでどんなきっかけがあって自転車の虜になり、新しい自分を発見するかは分からない。新たな手ごたえをもって——。

これからも、新しい自転車の魅力を探してみませんか。

GAKKEN SPORTS BOOKS
ゼロからのスポーツ自転車
発見！ 快適の手ごたえ

指　導　快適自転車研究会
構　成　㈱一石堂
取材協力　鳥山新一、クボタタケオ、山田隆史、高木康雄、
横森直賢、千葉和枝、小川義未、小栗利之、仙部孝一、
福良秀和、自転車産業振興協会、日本サイクリング協会、
丸石自転車、ワイ・インターナショナル、
バイシクルショップ・ジェロニモ、プロップ・サイクル
写　真　藤田雄一、吉川一彦、鈴木眞
表紙イラスト　浅賀行雄
本文イラスト　宮古哲
装　丁　下迫朋広
DTP　㈱明昌堂
編　集　柿本哲夫

2003年4月1日　発行

発行人　堀昭
発行所　㈱学習研究社
〒145-8502　東京都大田区上池台4-40-5
印刷所　㈱廣済堂

<お願い>この本に関する問合せがありましたら、
下記に御連絡ください。
●編集内容について
編集部　℡03-5496-0235
●在庫・不良品（乱丁・落丁等）に関することは
出版営業部　℡03-3726-8188
●それ以外のことは
学研「お客様センター」
<文書>〒146-8502　東京都大田区仲池上1-17-15
<電話>℡03-3726-8124